Christophe Colomb

Amiral de la mer Océane

Christophe Colomb

Amiral de la mer Océane

Jim Haskins

Traduction de
François Renaud

SCHOLASTIC CANADA LTD.

Données de catalogage avant publication (Canada)
Haskins, James, 1941-
    Christophe Colomb
Traduction de : Christopher Columbus.
ISBN 0-590-74353-8
1. Colomb, Christophe, ca. 1451-1506 - Romans pour la jeunesse. I. Titre.
PZ23.H37Ch 1992   j813'.54 C92-093298-3

ISBN 0-590-74353-8

Titre original : Christopher Columbus

Édition publiée par Scholastic Canada Ltd., 123, Newkirk Road,
Richmond Hill (Ontario) Canada L4C 3G5.

54321   Imprimé aux États-Unis   2345/9

Table des matières

1
LE FILS DU TISSERAND

Christophe Colomb n'a pas, à proprement parler, «découvert» l'Amérique. Il y avait déjà des gens qui y habitaient. Ils étaient probablement arrivés, il y a des milliers d'années, par les routes terrestres qui existaient entre l'Asie et l'Amérique avant la dérive des continents.

Si Colomb a nommé «Indiens» les gens qu'il a trouvés sur ces terres, c'est parce qu'il croyait avoir atteint les Indes, nom par lequel les Européens désignaient des pays tels le Japon, la Chine, l'Inde et l'Indonésie. À l'époque de son premier voyage, en 1492, Colomb ne connaissait même pas l'existence des continents que nous appelons l'Amérique du Nord et du Sud. Il croyait qu'il n'y avait rien qui le séparait de l'Inde et de la Chine, sinon un immense océan. Au total, Colomb traversera quatre fois cet océan d'est en ouest, mais ce n'est qu'à son troisième voyage qu'il aura l'intuition d'avoir découvert un nouveau continent. Pourtant, il mourra en croyant avoir atteint les Indes.

De son vivant, Christophe Colomb n'a pas eu la reconnaissance qu'on lui témoigne aujourd'hui. Les honneurs et la célébrité ne sont venus que plusieurs années après sa mort. Aujourd'hui, nous rendons gloire à Christophe Colomb pour une réalisation qu'il a faite par hasard et dont il n'a jamais compris la véritable signification.

Colomb était un explorateur courageux qui a affronté l'inconnu en osant naviguer plus loin qu'aucun marin ne l'avait jamais fait avant lui. Il a fait cela à une époque où il n'y avait aucune carte précise du monde et encore moins de chartes des courants marins de l'océan Atlantique. Si Christophe Colomb a été le premier homme de l'Histoire à traverser l'océan Atlantique, c'est qu'il était convaincu qu'il pouvait atteindre l'Inde et la Chine en naviguant vers l'ouest et qu'il a eu le courage d'agir selon ses convictions. Même s'il se trompait, il aura donné à l'Europe plus d'informations qu'elle n'en aura jamais eues concernant le monde qui existait à l'ouest de ses côtes. La plupart des explorateurs qui viendront après lui suivront les routes maritimes que Colomb a tracées. Plusieurs des territoires qu'il a découverts portent encore aujourd'hui les noms qu'il leur a donnés, comme l'archipel des Indes occidentales qui n'est proche ni de l'Inde ni de la Chine. Colomb était si fermement convaincu d'avoir atteint les Indes que, depuis 1492, ces îles ont conservé ce nom.

Christophe Colomb est né en Italie il y a environ cinq cents ans. Personne ne connaît la date exacte de sa naissance, mais on estime qu'elle se situe entre le 25 août et le 31 octobre 1451. Ses parents s'appelaient Domenico et Susanna Fontanarossa Colombo. Il est possible qu'ils aient eu d'autres enfants avant lui, car en ces temps-là beaucoup mouraient en bas âge, mais Christophe est leur premier enfant vivant.

Ses parents le prénomment Cristoforo. Son vrai nom est donc Cristoforo Colombo, mais puisque nous le connaissons mieux sous son nom français, nous l'appellerons Christophe Colomb. Comme la grande majorité des Italiens de l'époque, ses parents sont très religieux et ils le baptisent ainsi en l'honneur de saint Christophe. Or, il se trouve que saint Christophe est le patron et le protecteur des voyageurs. Puisque le jeune Christophe est destiné à devenir l'un des plus célèbres voyageurs de l'Histoire, on peut dire que le choix de son prénom est tout à fait approprié.

Les parents de Christophe sont tous deux originaires de familles de tisserands. Susanna Colombo est la fille d'un tisserand. Domenico Colombo est le patron d'une fabrique de tissus. Il possède des métiers à tisser et engage des tisserands pour l'aider à fabriquer des lainages.

3

Il s'attend à ce que ses enfants, une fois adultes, le secondent dans son entreprise.

La famille Colomb compte quatre enfants vivants, une fille et trois garçons. Christophe et Bartolomé ont un ou deux ans de différence. Bianchetta, leur soeur, a à peu près le même âge. Giacomo, le troisième garçon, mieux connu sous le nom de Diego, est dix-sept ans plus jeune que Christophe.

La famille Colomb vit à Gênes, une ville portuaire italienne sur la Méditerranée. C'est une grande ville achalandée, où il y a un grand marché de lainages qui fournit en vêtements tous les habitants. En outre, il y a de nombreuses occasions de faire de l'argent à Gênes. Les historiens qui ont étudié la vie de Colomb disent que son père a essayé de faire des affaires dans d'autres secteurs que celui du tissage. Il voulait faire plus d'argent. Mais aucune de ses tentatives n'a bien tourné et il y a perdu plus qu'il n'y a gagné. Malgré tout, selon les standards de l'époque, la famille de Christophe est à l'aise. Ils n'ont jamais connu la faim, ils ont toujours eu un toit au-dessus de la tête et des vêtements pour s'habiller. Christophe et les autres enfants de la famille n'allaient pas à l'école. À cette époque, seuls les enfants de riches recevaient une formation académique, mais, plus tard, Christophe trouvera le moyen d'apprendre à lire et à écrire.

Nous savons qu'il a les cheveux roux et les

yeux bleus. Enfant, il avait probablement des taches de rousseur. Il a le visage allongé et un nez imposant que certains décrivent comme étant recourbé comme celui d'un oiseau. De teint pâle, il rougit facilement au soleil et au vent. Il est probable qu'il devait également rougir quand il était excité ou intimidé.

Il est très près de sa famille. Adulte, il se lancera en affaires avec ses frères. Il est également très croyant. Il dit ses prières plusieurs fois par jour et donne des noms de saints aux îles qu'il découvre.

Il ne veut pas prendre la relève de l'entreprise familiale de tissage, il veut être marin.

À cette époque, il y a certainement plus de marins que de tisserands à Gênes. Dans ce port de mer achalandé, la majorité des habitants sont soit marins, soit débardeurs ou ont une activité apparentée au transport maritime. À Gênes, tout le commerce tourne autour de la navigation, depuis la construction des navires et la fabrication des voiles, en passant par la cartographie et le transbordement des marchandises. Même ceux qui ne sont pas directement impliqués dans l'activité maritime voient leur vie tourner autour de la mer et du climat. Une période de calme plat, sans vent, a comme conséquence que les navires ne peuvent ni entrer ni sortir du port. La tempête est synonyme de naufrages et de pertes de vies. Dans un cas comme dans l'autre, la ville en est affectée.

En plus du pain, le poisson occupe une place de choix dans le menu des Génois. La plupart des gens vont à la pêche et mangent du poisson frais. Mais la plupart des pêcheurs de métier font d'abord sécher leurs prises avant de les vendre. Ainsi, le poisson séché et salé représente une part importante de l'alimentation des gens qui vivent à l'intérieur du pays. Il en est de même partout en Europe.

Il est fort probable que, dans sa jeunesse, Christophe Colomb allait souvent à la pêche. Comme tous les enfants d'hier et d'aujourd'hui, il devait s'émerveiller devant la mer et rêver de s'embarquer sur un bateau pour prendre le large et voguer sur cet océan sans fin. La mer a toujours été à la fois fascinante et inquiétante. Chaque jour, les vagues roulent et se succèdent sans cesse les unes aux autres. En les observant, on se prend à méditer sur le temps et à réfléchir sur le fait que, longtemps avant que l'on vienne au monde, ces vagues caressaient déjà le rivage.

Tous les marins génois racontaient des histoires d'aventures marines faites de combats contre les tempêtes, de longues périodes de calme plat sans vent, de naufrages et d'attaques de pirates. Ils parlaient d'étranges ports exotiques dans les pays lointains, où les indigènes vivaient, parlaient et s'habillaient si différemment. Quelles visions leurs récits ont dû faire naître dans l'imagination d'un petit garçon! Et combien Christophe Colomb devait être désireux d'aller lui aussi en mer un de ces jours.

Christophe prend la mer pour la première fois en 1461, à l'âge de dix ans. Soit qu'il ait été à la pêche avec un ami de la famille ou qu'il ait fait un court voyage dans un port voisin pour aller charger de la marchandise, peu importe la raison, ce voyage marquera fortement le jeune Christophe. À compter de cette date, il est déterminé à devenir marin.

À cette époque, il arrive que de très jeunes garçons soient marins, mais ce sont des orphelins ou des enfants si pauvres que leurs familles ne peuvent pas s'en occuper. Ils s'engagent comme moussaillons et travaillent sur les bateaux, en échange de quoi ils sont nourris, habillés et apprennent un métier lié à la navigation. Quelques-uns sont préposés aux cabines et leur rôle consiste à faire le ménage et les courses pour les officiers. Certains ont comme fonction de retourner les sabliers gradués en demi-heures. D'autres aident à recoudre les voiles, servent à manger aux officiers et aux marins ou encore, la nuit venue, allument les lanternes du navire.

Tout jeune, Christophe devait envier ces garçons, mais en vieillissant, il comprend qu'ils ne pourront jamais espérer devenir capitaines d'un navire, qu'ils seront toujours de simples marins. Parce que Christophe vient d'une famille de rang plus élevé, il n'est pas dans l'obligation d'être marin. Il pourra *choisir* d'aller en mer *et* aura la possibilité d'être un jour capitaine.

En tant qu'aîné, on s'attendait à ce que Christophe prenne un jour la direction de l'entreprise de son père. Son jeune frère Bartolomé n'a pas, lui, cette responsabilité. Aussi quitte-t-il Gênes pour Lisbonne. Au Portugal, il se trouve du travail chez un artisan cartographe où il dessine des cartes et des tables de navigation pour les capitaines au long cours.

Pendant que Christophe remplit son devoir d'aîné et continue de travailler dans l'entreprise paternelle, il s'arrange également pour naviguer. Du milieu de son adolescence au début de la vingtaine, il fait probablement plusieurs voyages en mer. Plus tard, il fera allusion à un voyage d'affaires à l'île de Chios, dans la mer Égée. Il était parti vers l'est et avait contourné la pointe sud de la Grèce pour remonter presque jusqu'en Turquie.

Quand nous parlons des déclarations faites par Christophe Colomb, nous nous référons aux rares documents qui nous sont parvenus. Le premier est un récit intitulé *Histoire des Indes*, écrit par Bartoloméo de las Casas, prêtre et historien contemporain de Colomb. Dans ce livre, l'auteur utilise des extraits du journal, perdu depuis, du premier voyage de Colomb. Notre autre source est une biographie écrite par le fils de Colomb, Ferdinand.

Selon ces écrits, Christophe affirme qu'à l'âge de dix-neuf ans, il a servi dans la flotte du roi René II d'Anjou qui, à l'époque, était en guerre contre le roi d'Aragon. Il n'aurait pas pu faire partie de l'un ou l'autre de ces voyages s'il n'avait pas déjà eu une bonne expérience de la mer.

En 1476, à l'âge de vingt-cinq ans, Christophe est engagé comme manœuvrier d'avant-pont (ce qui veut dire qu'il travaille à l'avant du grand mât) sur un convoi qui transporte une précieuse cargaison du port de Gênes jusqu'au nord de l'Europe. Christophe navigue alors sur un navire flamand, la *Bechalla*.

Au matin du 13 août 1476, une flotte française attaque le convoi au large des côtes sud du Portugal. Les deux formations s'engagent dans une terrible bataille et, à la fin de la journée, quatre navires français et trois génois sont coulés. La *Bechalla*, sur laquelle se trouve Christophe, est l'un des navires génois à faire naufrage. Christophe, blessé dans la bataille, se retrouve à la mer. Il réussit à s'agripper à un bout de bois qui flotte et, s'en servant comme d'une bouée, il patauge pendant des heures jusqu'à ce qu'il atteigne la côte, six milles plus loin. Il touche le sol près du port portugais de Lagos, où les habitants le recueillent et le soignent jusqu'à ce qu'il ait récupéré de ses blessures et de son long séjour dans l'eau.

Pendant qu'il est à Lagos, Christophe apprend à ses sauveteurs qu'il a un frère plus jeune à Lisbonne. Sitôt qu'il est en mesure de voyager, ils l'envoient là-bas.

2
MAÎTRE NAVIGATEUR

Bartolomé Colomb s'arrange pour trouver à son frère aîné, Christophe, un travail dans l'entreprise de cartographie où il travaille à Lisbonne. Combien de temps s'écoule entre l'arrivée de Christophe et le moment où il est embauché, on n'en sait rien. Nous savons toutefois que c'est au Portugal qu'il apprend à lire et à écrire, puisque ces notions sont très importantes dans le travail d'un cartographe. Il doit être en mesure de lire les livres de bord des navires et de tracer les cartes en se basant sur les plus récentes informations rapportées par les navigateurs.

Lisbonne, capitale du Portugal, est une bien plus grande ville que Gênes. C'est une ville où l'éducation est répandue et où il y a beaucoup de livres à lire. Christophe apprend le latin et d'autres langues, et, dans l'entreprise de cartographie, il parfait ses connaissances sur la navigation et la manière de tracer les cartes.

À cette époque, Lisbonne est également le centre mondial de l'exploration et des découvertes. Cette situation était dûe à l'intérêt d'un prince portugais, Henri le Navigateur, qui finançait des voyages au large de l'Atlantique de même que vers le sud, le long de la côte ouest de l'Afrique, ce continent qui s'étend au sud du Portugal. Henri s'intéressait tout particulièrement à l'idée de contourner l'Afrique. Aucun Européen ne l'avait encore jamais fait, et Henri avait envoyé plusieurs navires vers le sud pour explorer la côte africaine et essayer d'atteindre la pointe sud du continent.

Au cours de ces voyages d'exploration, les Portugais commencent à faire du commerce avec les Africains. Ils entreprennent aussi la traite des esclaves en Europe. Les premiers convois d'esclaves africains, capturés par les Portugais à l'embouchure du fleuve Sénégal, près de ce qu'ils appellent Cape Verde (cap Vert), arrivent vraisemblablement à Lisbonne vers les années 1430.

Le prince Henri fonde également un centre chargé de recueillir toutes les données connues sur le monde et sur la mer. Chaque fois qu'un navigateur européen découvre une nouvelle île ou approfondit ses connaissances sur la mer, ce centre se charge de vérifier les données et de les enregistrer.

Henri est non seulement curieux d'en savoir plus sur le monde extérieur, mais il ambitionne également de trouver les routes maritimes qui mènent vers l'Inde, la Chine et le Japon. Dans ces pays, il y a de l'or, des soieries et des épices. Les Européens connaissent ces richesses depuis que Marco Polo, un Italien tout comme Colomb, s'est rendu en Orient par voie de terre, vers la fin du XIIIe siècle.

Marco Polo avait rapporté de Chine des soieries, des épices, de l'or et différents articles. Au nombre de ces curiosités, il y avait des assemblages pour les portes et fenêtres faits de lamelles de bambou. Les artisans vénitiens se sont mis à en faire des copies qu'ils ont exportées en Europe où on leur a donné le nom de stores vénitiens.

Les Européens n'avaient jamais assez de ces produits exotiques. Ils étaient tout spécialement intéressés par les épices orientales, parce qu'elles rehaussaient la saveur de leur nourriture. À une époque où l'on ne connaissait pas encore la réfrigération, les gens mangeaient surtout de la viande et du poisson séchés, et les épices orientales donnaient à ces mets une plus grande variété de saveurs. Les Européens étaient également avides de soieries et d'or et ils étaient prêts à payer le gros prix pour s'en procurer. Les marchands européens ont donc commencé à se rendre, par voie de terre, vers l'Inde et la Chine pour y faire le commerce de ces produits. À leur retour, ils revendaient leur marchandise en faisant un important profit.

Ce commerce était florissant jusqu'au jour où les Musulmans s'emparent de la Terre Sainte. Depuis le VIIe siècle les Turcs d'Asie centrale avaient migré vers l'ouest, annexant les territoires sur leur passage. En 1453, sous la commande de Mehmed II, les Turcs s'emparent de la ville de Constantinople (aujourd'hui Istanbul), principal port de transit d'où les marchandises, en provenance de l'Inde et de la Chine, repartent vers l'Europe. Coupés de leur route terrestre vers l'Orient, les Européens se mettent à chercher une route maritime. Cette recherche les pousse à descendre de plus en plus bas le long de la côte ouest de l'Afrique. Toutefois, personne n'avait encore jamais réussi à contourner la pointe sud du continent africain.

Tous ces périples le long de la côte ouest de l'Afrique avaient entraîné de nouvelles découvertes et l'établissement de nouveaux comptoirs de traite. Mais on était loin d'avoir trouvé la formule idéale pour atteindre l'Inde et la Chine. Le voyage pour contourner l'Afrique par la mer était long et dangereux. Les explorateurs portugais avaient déjà fait une vingtaine de tentatives, mais aucun n'avait réussi. Plusieurs étaient convaincus qu'il devait y avoir une route plus facile. À Lisbonne, au centre d'information sur la navigation, on avait également l'impression qu'on découvrirait un jour une voie plus facile.

À cette époque, les gens les plus éduqués s'étaient rendu compte que la Terre était ronde et non pas plate, comme on l'avait longtemps cru; cependant, ils ne savaient pas comment tracer des cartes qui tiendraient compte de la courbure de la Terre. En comparaison de ce que nous savons aujourd'hui, ils ne connaissaient pas grand-chose du monde. La moindre connaissance géographique était importante, tout particulièrement pour les marins et les cartographes.

Christophe et Bartolomé essayaient de questionner le plus grand nombre de capitaines et de marins possible afin de rassembler un maximum d'informations. Au retour de leurs voyages en Afrique ou aux Açores (un groupe d'îles de l'Atlantique, à l'ouest de Lisbonne), les navigateurs s'arrêtaient toujours au port de Lisbonne. Les frères Colomb les invitaient alors à prendre un dîner bien arrosé et leur posaient des questions. Ils prenaient des notes sur leurs récits, copiaient les esquisses rudimentaires que dessinaient ces marins et les comparaient avec leurs propres cartes.

Pendant ce temps, Christophe continuait son initiation de marin. À la fin de 1476, l'année même de son arrivée à Lisbonne, il s'engage sur un navire portugais qui fait route vers la Belgique, l'Allemagne, la Grande-Bretagne et l'Irlande. C'est en Irlande qu'il entend parler de la légende de Iargalon, «la terre de l'autre côté du coucher de soleil». Il est probable qu'il entend également parler de la légende de saint Brendan, ce moine irlandais qui, entre 565 et 573, était sensé être monté à bord d'une embarcation de cuir et s'être rendu dans des endroits inconnus dans l'océan Atlantique.

Peu de temps après être revenu de ce voyage, Colomb s'embarque à nouveau, cette fois vers l'Islande. Heureusement pour lui, le capitaine du navire est non seulement un marchand, mais également un explorateur. Alors qu'ils sont près de l'Islande, le capitaine décide de pousser une pointe vers le nord et ils se rendent jusqu'en bordure du cercle Arctique avant de rentrer à Lisbonne. Ce détour est particulièrement passionnant pour notre jeune marin et cartographe génois.

Colomb est extrêmement curieux et il est habitué à poser des questions et à prendre des notes. Dans chaque port, les marins nordiques lui racontent des légendes de navigation que bien souvent il entend pour la première fois.

Quand Colomb est en Islande, en février et mars 1477, il est probable qu'on voyage encore vers le Groenland et même au-delà. Les archives islandaises font état d'expéditions entreprises entre 1362 et 1408, mais on peut supposer que de tels voyages ont continué par la suite. En 1432, la Norvège décrétait que seule la couronne norvégienne pouvait faire du commerce avec le Groenland, mais cela n'a certainement pas empêché les marchands des autres pays de se rendre là-bas.

À chacun de ses voyages, Christophe amasse de plus en plus de connaissances sur la navigation et la nature du monde. En fait, les frères Colomb sont devenus si habiles à tracer des cartes comportant les dernières connaissances géographiques, qu'ils mettent bientôt sur pied leur propre entreprise, Colomb et frères, cartographes et libraires. Dans un port achalandé comme celui de Lisbonne, les pilotes de navires cherchent à se procurer le plus de cartes possible afin de s'assurer que leurs voyages seront profitables et sans danger.

Il est probable que c'est Bartolomé qui se charge principalement de la gestion quotidienne des affaires, puisque Christophe voyage de plus en plus. L'année qui suit son voyage au cercle Arctique, il est à bord d'un bateau et se dirige vers Madère (au large des côtes du Maroc) où il va acheter du sucre.

Peu de temps après être revenu de Gênes vers Lisbonne, Christophe, qui a maintenant vingt-neuf ans, épouse Doña Felipa Perestrello e Moniz, la fille d'une grande famille portugaise. Son père, Bartholoméo Perestrello, est un célèbre capitaine au long cours et un explorateur. Perestrello est l'un des découvreurs de l'île de Madère et il a également fait des voyages le long de la côte ouest de l'Afrique. Il a tenu un journal et dessiné des cartes marines, et la belle-mère de Colomb les lui confie pour qu'il les étudie. Personne ne sait ce que contenaient ce journal et ces cartes, mais il est possible qu'on y ait fait mention de légendes africaines à propos d'expéditions vers des terres situées plus loin à l'ouest.

Au temps où Bartholoméo Perestrello est un explorateur actif, l'Afrique, au sud du désert du Sahara, est une région au sujet de laquelle les Européens connaissent très peu de chose. Mais les explorateurs portugais mettent peu de temps pour se rendre compte qu'il y a beaucoup à apprendre des habitants de l'Afrique sub-saharienne qui, à l'arrivée des premiers visiteurs portugais, ont une civilisation remarquable et une culture très riche.

Les légendes racontées par les navigateurs africains sont d'un grand intérêt et font probablement allusion à des voyages vers l'ouest. Selon un rapport publié en 1342 au Caire, en Égypte, moins de deux siècles auparavant, l'empereur du royaume du Mali avait envoyé deux cents bateaux vers l'ouest en leur ordonnant de ne pas revenir tant qu'ils n'auraient pas atteint la fin de l'océan. Un seul navire était revenu pour rendre compte de l'expédition. Le capitaine avait rapporté qu'en haute mer, la flotte avait rencontré un courant puissant et que, après s'y être engagé, les bateaux étaient disparus les uns après les autres. Son navire était le dernier et, comme il avait perdu les autres de vue, il avait décidé de faire demi-tour et de rentrer.

Ce journal pouvait également contenir des allusions à des légendes beaucoup plus anciennes concernant des voyages vers l'ouest et des découvertes faites par les Africains. Nous savons maintenant qu'il y a des signes évidents de la présence d'hommes noirs dans l'ancien Mexique et dans d'autres régions d'Amérique centrale, de même que dans la cordillère des Andes en Amérique du Sud. Ces signes — statues et murales représentant des hommes noirs, traces de dialectes africains, présence de plantes originaires d'Afrique, comme la courge bouteille et le coton — remontent à plus de mille ans avant Colomb. Il est possible que la connaissance précise de ces terres que nous appelons les Amériques ait été perdue à l'époque de Colomb, mais qu'elle ait survécu dans les légendes.

Colomb a peut-être lu certaines de ces histoires dans le journal de son défunt beau-père, Bartholoméo Perestrello; il est également possible qu'il les ait entendues de certains esclaves sénégalais vivant au Portugal. On ne peut pas savoir exactement comment il en a pris connaissance, mais, connaissant les théories qu'il échafaudera plus tard, il devait certainement connaître ces légendes.

Après avoir vécu un certain temps à Lisbonne, Christophe Colomb et son épouse aménagent à

Porto Santo, où le gouverneur est le frère de Dona Felipa. C'est là que naît Diego, leur seul enfant.

Plus tard, ils déménageront au port de Funchal, à Madère. Lors de ce séjour, Colomb, financé par des marchands portugais, fait quelques voyages à Saint-Georges, à El Mina, un nouveau poste de traite sur la Côte d'Or de l'Afrique (aujourd'hui le Ghana). Lors de l'un de ces voyages, il commande un navire, ce qui signifie qu'il est considéré comme un navigateur et un pilote de premier plan.

À ce moment, il est dans une excellente position pour faire fortune en pratiquant le commerce en Afrique et aux Açores. Il dispose non seulement des connaissances, mais également du pouvoir et de l'influence d'une famille respectée. Pourtant, Christophe Colomb a des ambitions plus grandes encore. Il veut faire un voyage vers l'ouest.

3
LE PLAN DE COLOMB

Colomb veut faire un voyage aux Indes, région qui, pour les Européens de l'époque, regroupe l'Inde, la Chine, le Japon et l'Indonésie. Si son voyage était une réussite et qu'il rapporte des Indes des soieries et des épices, de l'or et des pierres précieuses, il fera fortune. Ce serait aussi l'occasion d'acquérir une grande renommée en tant que navigateur.

Profondément religieux, il avait probablement l'intention d'essayer également d'aider les Chrétiens à reprendre la Terre Sainte des mains des Turcs. On croyait qu'il y avait, quelque part à l'est de la Perse et de l'Arménie, un puissant royaume chrétien dirigé par un homme qu'on appelait Prêtre Jean ou Père Jean. Beaucoup d'Européens croyaient que s'ils pouvaient associer leurs forces à celles du Prêtre

Jean, considéré très riche et très puissant, ils pourraient gagner la guerre contre les Turcs.

Le rêve de Colomb reposait sur la possibilité de trouver un passage sûr vers les Indes. Plusieurs navigateurs étaient convaincus qu'une telle route existait. En s'appuyant sur les plus récentes connaissances du monde et de la navigation, ils croyaient pouvoir atteindre les Indes en naviguant vers l'ouest pour traverser la mer Océane.

On savait que la Terre était ronde. Dès lors, il devait être possible d'atteindre l'est en allant vers l'ouest. Le seul problème était que personne ne savait combien mesurait la circonférence de la Terre, ni combien de temps il faudrait pour atteindre l'est.

On ne se doutait même pas que les continents qu'on appelle aujourd'hui l'Amérique du Nord et du Sud, existaient. On ne réalisait pas qu'il y avait non pas un, mais deux grands océans. On pouvait avoir eu vent de la rumeur voulant que, quatre cents ans plus tôt, les Scandinaves du nord de l'Europe aient traversé l'Atlantique Nord pour atteindre la côte est de l'Amérique du Nord. Cependant, on croyait généralement que le monde, formé de l'Europe, de l'Asie et de l'Afrique, était comme une grande île au milieu d'une gigantesque mer Océane.

Colomb croyait connaître tous les continents. Il croyait également qu'il avait une idée assez exacte de la grosseur de la Terre. Les astronomes, les mathématiciens et les géographes avaient fait des calculs en s'appuyant sur le fait qu'il y avait 360 degrés dans un cercle. S'ils pouvaient arriver à connaître la longueur d'un degré en milles nautiques (un mille nautique équivaut à environ deux mille mètres), ils pourraient également calculer la circonférence de la Terre. Les hypothèses quant à la longueur d'un degré variaient entre quarante-cinq et soixante-six milles nautiques. L'estimé le plus faible faisait bien l'affaire de Colomb.

Différents experts, incluant Marco Polo qui avait mis deux ou trois ans pour traverser l'Asie par voie de terre, avaient évalué la taille de la partie terrestre connue, cette immense «île» formée de l'Europe, de l'Asie et de l'Afrique. Ils estimaient que cette «île» occupait la majeure partie de la planète, mais les opinions variaient. Christophe Colomb croyait en la théorie voulant que la portion terrestre occupe les six septièmes du globe et la mer Océane, un septième. En se fiant à cette hypothèse, Colomb calculait qu'en partant des îles Canaries, il n'aurait à naviguer que 2400 milles nautiques pour atteindre la côte est du continent.

Colomb est un jeune homme avec de grands rêves et il est tout naturel pour lui d'accepter l'idée qu'il ne sera pas très difficile de voguer vers l'ouest pour atteindre le Japon. Et c'est ce qu'il a l'intention de faire. Mais en fait, sa théorie était complètement fausse. Un degré mesure soixante milles nautiques. L'Europe, l'Asie et l'Afrique ne représentent environ qu'un tiers de la surface de la Terre. La distance entre les îles Canaries et le Japon est de 10 600 milles... *et* les Amériques se trouvent sur cette route.

Il faut beaucoup d'argent pour financer un voyage de commerce et d'exploration comme celui dont rêve Christophe Colomb.

Il a besoin de navires. Il a besoin de marins pour les manœuvrer. Ces marins doivent manger, aussi tous ces bateaux doivent-ils être approvisionnés en nourriture, en eau et en vin. Chaque navire doit avoir son chirurgien pour prendre soin des hommes malades ou blessés. Et, tout aussi important, il doit avoir une bonne réserve de biens à échanger contre l'or, les épices et les pierres précieuses.

À cette époque, en Europe, personne n'a autant d'argent à risquer sinon les rois, les reines et les princes. Aussi Christophe Colomb commence-t-il par essayer d'intéresser à son rêve un membre de la royauté. Il rassemble toutes les preuves qu'il peut trouver pour soutenir ses thèses quant à la grosseur de la Terre et au nombre de milles qu'il doit y avoir entre l'Europe et les Indes.

La première personne que Colomb approche est Jean II, roi du Portugal. Le roi, qui est le neveu de Henri le Navigateur, est lui-même un passionné de l'exploration et des découvertes. Mais, comme en font foi les données historiques, le roi n'est pas impressionné par Colomb et son plan. En fait, il pense que Colomb est «une grande gueule et un vantard». Les conseillers scientifiques du roi l'informent que les estimations de Colomb, quant à la distance qui les sépare du Japon, sont complètement fausses.

La même année où le roi du Portugal lui refuse son appui, la femme de Colomb, Doña Felipa, meurt. Cette année 1485 est difficile pour Colomb. Pour échapper au souvenir de son épouse et du refus qu'il vient d'essuyer de la part du roi, il quitte le Portugal.

En compagnie de son fils Diego, Colomb traverse la frontière espagnole et arrive dans la région de Niebla. Colomb ne sait pas trop que faire avec son jeune fils. Il apprend qu'il y a, tout près, un monastère franciscain et il s'y rend à pied avec Diego. Ils sont accueillis à la porte du monastère par un moine qui, par hasard, est un passionné d'astronomie. Le moine invite le père et le fils à séjourner et accepte Diego comme étudiant.

Le moine, Antonio de Marchena, partage la passion de Colomb pour son voyage au Japon et le présente au comte de Medina Celi. Au moment où le comte est sur le point d'accepter de financer le voyage de Colomb, il s'avise qu'il ferait bien d'en demander la permission à la reine d'Espagne. La reine Isabelle de Castille est d'avis qu'un voyage aussi important ne doit être entrepris qu'au nom de la couronne.

Malheureusement, elle ne considère pas l'entreprise comme urgente.

En attendant des nouvelles de la reine, Colomb se rend dans la ville voisine de Cordoue et il y fait la rencontre d'une jeune fille de vingt ans, Béatrice Enriquez. En 1488, Béatrice lui donne un fils qu'ils appelleront Fernando, mais Christophe n'épousera jamais Béatrice. Elle est fille de paysan et n'est donc pas une épouse convenable pour quelqu'un du rang de Christophe. Quelques années plus tard, Christophe prendra charge de Fernando. À sa mort, Christophe laissera de l'argent pour le soutien de Béatrice.

Colomb mettra près d'un an simplement pour rencontrer la reine. Elle a sensiblement le même âge que lui et ils ont quelques traits physiques en commun : les cheveux roux et les yeux bleus. Ils éprouvent probablement une sympathie mutuelle, mais cela ne veut pas dire pour autant qu'Isabelle est prête à donner le feu vert à Colomb. Elle nomme une commission spéciale pour étudier son projet.

Les membres de cette commission n'arrivant pas à s'entendre, ils votent à Colomb une allocation pour lui permettre de subsister pendant qu'ils discutent du sujet. Les mois passent et Colomb commence à s'impatienter. À la fin de 1488, il retourne à Lisbonne afin d'essayer encore une fois d'intéresser le roi du Portugal à son projet. Il y est en décembre quand

Bartolomeu Dias, le navigateur portugais, arrive en triomphe. Après une vingtaine de tentatives de la part de ses compatriotes, il venait enfin de réussir à contourner l'extrémité sud de l'Afrique.

Dias avait contourné un cap qu'il avait nommé le cap de Bonne-Espérance. Il avait ensuite remonté la côte est de l'Afrique, excité et rempli d'une «bonne espérance» de pouvoir atteindre les Indes. Malheureusement, après plus de sept mois en mer, ses hommes souffrent du mal du pays. Ils se mutinent et l'obligent à faire demi-tour. Mais Dias est tout de même un héros, et il est impatient de tenter à nouveau sa chance. Sachant qu'il est désormais possible de contourner l'Afrique par la mer, le roi du Portugal perd tout intérêt dans le projet de tenter la traversée vers l'ouest pour obtenir le même résultat.

Durant son séjour à Lisbonne, Christophe habite avec son jeune frère, Bartolomé. Il le convainc qu'il a raison et, peu de temps après le retour de Dias, les frères Colomb décident de travailler ensemble à trouver le financement pour le voyage vers l'ouest. Pendant que Christophe retourne en Espagne, Bartolomé ferme l'entreprise de cartographie et visite les capitales européennes afin d'intéresser d'autres familles royales à l'entreprise. Il se rend d'abord en Angleterre puis, devant le peu d'intérêt d'Henri VII, traverse en France. Là, il se lie d'amitié avec la soeur du Roi Charles VIII et dessine des cartes pour elle tout en souhaitant intéresser son frère.

De retour en Espagne, Christophe s'installe pour un temps à Séville où il ouvre une succursale de Colomb et frères, cartographes et libraires. Il continue d'attendre que la commission royale prenne une décision quant à son voyage. Vers la fin de 1490, la commission rend enfin son verdict : le projet de Colomb est irréalisable; l'expédition sera beaucoup plus longue qu'il ne le suppose, l'océan étant beaucoup plus vaste qu'il ne l'a estimé.

Colomb sombre dans le désespoir. En ne demandant qu'à couvrir les frais de l'expédition, il estimait avoir fait une requête très modeste. À son avis, la cour d'Espagne laisse filer une aubaine qui lui aurait rapporté fortune et influence. La reine Isabelle essaie de le rassurer en lui disant qu'il peut présenter une nouvelle demande. Mais Colomb n'y voit aucun intérêt et décide d'aller rejoindre son frère en France. En route, il fait un détour pour reprendre son fils Diego, maintenant âgé de dix ans. Au père Juan Perez, le prieur du monastère, il raconte la rebuffade que vient de lui infliger la commission royale, et le prieur le supplie de ne pas abandonner. Le père Perez écrit à la reine, et Isabelle, pleine de compassion pour Colomb, lui fait parvenir de l'argent pour qu'il puisse se procurer une mule et des vêtements neufs.

Vers la Noël de 1491, Colomb fait une seconde demande à la reine pour qu'elle finance son voyage. Cette fois, ses demandes sont beaucoup plus ambitieuses. Non seulement veut-il que son voyage soit financé, mais, advenant une découverte importante, il réclame une rente et des honneurs. Il veut le titre d'amiral, tient à se faire nommer gouverneur de toute nouvelle terre qu'il pourrait découvrir et demande à toucher dix pour cent de tout commerce qui pourrait s'y faire. Isabelle nomme une nouvelle commission. Cette commission met très peu de temps pour rejeter l'idée. Le roi Ferdinand d'Aragon, époux d'Isabelle, annonce à Colomb que cette décision est finale.

Découragé, Colomb ramasse ses affaires et part pour Séville. Il est décidé à fermer son entreprise et à partir pour la France rejoindre Bartolomé pour continuer ses démarches auprès du roi Charles VIII. Puis, brusquement, la reine Isabelle change d'avis.

La raison de ce virage est probablement liée à deux facteurs. Le premier est que la longue et coûteuse guerre que l'Espagne menait aux Maures vient enfin de se terminer. Cette guerre interminable n'avait pas laissé à la monarchie espagnole le surplus d'argent nécessaire pour investir dans des entreprises comme des voyages d'exploration. L'autre raison est le triomphe de Bartolomeu Dias du Portugal. Si un marin portugais avait réussi à contourner l'Afrique, le Portugal risquait alors de prendre l'avance dans le commerce avec les Indes par les routes de l'est.

Le Portugal devançait déjà l'Espagne sur les plans de la navigation, de l'exploration et du commerce. L'Espagne se devait donc d'investir plus d'argent afin de s'approprier de nouvelles routes vers l'Orient. Quel meilleur départ que de commencer par financer le voyage de Christophe Colomb?

La reine Isabelle envoie donc un messager pour ramener Colomb. En revenant à la cour, il apprend enfin la nouvelle qu'il attend depuis des années. Il peut faire son voyage aux Indes!

Il faut trois mois pour signer tous les contrats que le roi et la reine font préparer. Voici les termes sur lesquels Colomb et le couple royal se mettent d'accord : Colomb recevra tous les titres qu'il a demandés, de même que les dix pour cent qu'il a réclamés sur tout l'or, les pierres précieuses, les épices et les autres biens dont on fera le commerce. À sa mort, il pourra léguer ces privilèges à sa famille. Le roi et la reine conviennent de lui fournir trois navires ainsi que l'argent nécessaire pour les gréer, les approvisionner et les équiper. Ils lui remettent également trois lettres d'introduction.

L'une de ces lettres est adressée au «Grand Khan», nom sous lequel les Européens connaissent l'empereur de Chine. Sur les deux autres, aucun nom n'est inscrit puisque personne ne peut savoir quel autre dirigeant Colomb va rencontrer. S'il devait se trouver en présence d'un personnage qui, à son avis, mérite une lettre d'introduction royale, il n'aurait qu'à y inscrire son nom.

Christophe Colomb tient enfin le support financier qu'il a mis tant d'années à s'assurer. Du coup, il en oublie sa frustration et son désespoir et se consacre entièrement à la poursuite de son rêve.

Dès qu'il le peut, Colomb se rend à Palos, le petit port où il était entré en Espagne. Il a là-bas des amis, les Pinzón, constructeurs de navires et grands navigateurs. Il se porte acquéreur de trois bateaux qu'en langage marin on appelle «caravelles». Ce nom vient de carvel, en référence à la méthode de construction. Ce sont de petits bateaux, généralement des trois-mâts. On dit que l'avènement de ces bateaux, moins lourds que ceux utilisés ailleurs en Europe, est l'une des raisons pour lesquelles le Portugal a pris l'avance dans l'exploration de la côte africaine.

Colomb donne à son navire-amiral, le bateau de tête, le nom de *Santa María*. Les deux plus petits navires, comme le veut la coutume espagnole, portent également des noms de saints. L'un s'appelle la *Santa Clara*, mais on ne connaît pas le nom officiel de l'autre. Les deux sont plus connus sous leur sobriquet : la *Niña*, qui veut dire fillette et la *Pinta*, nom qui lui vient probablement d'un ancien propriétaire nommé Pinto.

La *Santa María* et la *Pinta* sont des traits carrés, c'est-à-dire qu'elles sont gréées de voiles carrées. La *Niña* est gréée à l'italienne, avec une voile triangulaire maintenue par une vergue fixée à un mât court. À cette époque, les voiles, même quand elles sont neuves, sont de couleur ocre, car elles sont tissées en lin. C'est seulement avec l'importation du coton, d'origine africaine et cultivé en grande quantité tant là-bas que dans le Nouveau Monde, que les Européens pourront fabriquer des voiles qui, lorsqu'elles sont neuves, sont d'un blanc éclatant.

Toutes les voiles sont décorées de croix et de symboles. Au-dessus de la ligne de flottaison, les bateaux de bois sont peints de couleurs vives. Sous la ligne de flottaison, la coque est goudronnée pour la protéger des coquillages et des vers de mer appelés *teredos*, ou *tarets*. Les *tarets* peuvent atteindre plusieurs pieds de long et un diamètre de l'épaisseur du bras d'un homme. Ils peuvent faire des dégâts considérables sur un bateau de bois. En mer, pendant les périodes d'accalmie durant lesquelles les bateaux avancent à peine, les coquillages et les tarets peuvent rapidement recouvrir les parties immergées du navire et pénétrer dans le bois.

Chaque navire arbore le pavillon royal de la reine Isabelle, avec ses lions et ses châteaux, de même que la bannière spéciale de l'expédition, une croix verte sur fond blanc, avec une couronne à chaque bras de la croix.

Aucun des bateaux n'est très armé. Tous sont suffisamment équipés pour se défendre contre les pirates, mais aucun n'est vraiment un navire de guerre. Colomb n'a pas engagé de soldats et il ne s'attend pas à en avoir besoin. Les Portugais n'avaient jamais eu vraiment de difficultés avec les indigènes d'Afrique et il n'a pas l'impression qu'il aura des problèmes avec les habitants qu'il trouvera aux Indes.

Au nombre des hommes qu'il a engagés, on compte les meilleurs capitaines et navigateurs qu'il a pu trouver. Certaines suppositions nous laissent croire qu'un des navigateurs était un Noir, mais personne ne peut le confirmer. Il est possible qu'il ait été originaire de la région du Sénégal, en Afrique de l'Ouest, ou d'une région qui correspond aujourd'hui au Maroc, en Afrique du Nord.

Pour chaque navire, Colomb a également engagé un chirurgien ou un médecin. Chacun des trois bateaux dispose d'un chef cuisinier qui surveille la cuisine et le service, d'un tailleur qui peut réparer les vêtements des hommes d'équipage et d'un tonnelier, expert dans la fabrication et la réparation des barriques dans lesquelles on conserve une bonne partie de la nourriture et des liquides. Il y a aussi les maîtres d'équipage qui sont chargés du maintien des navires, les maîtres-calfats qui veillent à l'étanchéité des bateaux, les mousses et tous les marins nécessaires aux manœuvres.

Finalement, il y a aussi plusieurs hommes dont le travail est tout spécialement important au cours d'un tel voyage. L'un est responsable de prendre note de tout l'or et des autres richesses, afin de s'assurer que le roi et la reine touchent bien leur part. Un autre, nommé Luis de Torres, parle l'arabe, une des langues parlées en Orient. Colomb tient à comprendre les Chinois et les Japonais qu'il rencontrera. Un dernier est le secrétaire de la flotte et son rôle consiste à tenir un registre officiel de toutes les découvertes. Ensemble, ils forment un groupe d'environ quatre-vingt-dix hommes qui viennent presque tous de la région de Palos. Pour s'embarquer dans pareille aventure, chacun de ces hommes devait avoir une bonne dose de courage et d'ambitieux rêves de richesse et de gloire.

Colomb et ses compagnons ont bien l'intention de ramener des Indes beaucoup plus que ce qu'ils emportent avec eux. Aussi, une fois les bateaux chargés, reste-t-il beaucoup d'espace.

Nous ne savons pas exactement ce qui a été chargé à bord des bateaux à l'occasion de ce voyage. Si des données existent, elles n'ont pas encore été découvertes. Mais, en se fiant aux rapports d'autres voyages, nous savons qu'ils ont dû emporter un maximum de provisions pour nourrir les hommes durant ce voyage dont la durée est imprévisible.

On charge à bord des barriques d'eau et de vin, ainsi que des tonnes de blé, de farine, de biscuits de mer, de fromage, de porc salé, d'huile d'olive, de sardines et d'ail. Juste avant le départ, on fait monter des porcs, des moutons, des chèvres, des poulets, des oies et des canards. Les navires emportent des animaux vivants, puisque c'est la seule manière de s'assurer d'avoir des aliments frais.

On charge également sur les trois navires des denrées qui serviront à faire du troc. Parmi celles-ci, on retrouve les articles que les Africains affectionnent : des casquettes rouges, des billes de verre et des grelots, sortes de petites clochettes utilisées en Europe dans l'art de la fauconnerie.

L'espace qui reste à bord des bateaux est comblé par du ballast : des pierres concassées. Le poids de ces cailloux est nécessaire pour stabiliser le navire, mais Colomb a bien l'intention de laisser cette charge sur les rives des Indes. Il compte faire son voyage de retour avec, en guise de ballast, une cargaison de poids égal, mais de bien plus grande valeur : de l'or, des pierres précieuses et des épices.

4
AU LARGE DE LA MER OCÉANE

La nuit précédant le départ de la flottille, tous ceux qui sont du voyage se rendent à l'église de Palos pour se confesser et communier. Ils croient fermement que Dieu, Jésus, la Vierge Marie et les saints, comme saint Christophe, protègent ceux qui leur sont fidèles. Ces hommes qui vont naviguer vers l'inconnu ressentent le besoin de se placer sous la protection divine. Même Christophe Colomb, grand capitaine de la flotte, connaît certainement des instants de frayeur au moment de partir enfin pour ce long voyage dont il avait si longtemps rêvé.

L'original du journal de bord du premier voyage de Colomb est perdu. À son retour il l'avait offert à Isabelle et Ferdinand et il en avait fait au moins une copie. Mais aujourd'hui, on ne sait ce que sont devenus ni l'original ni la copie. Comme nous l'avons mentionné précédemment, un prêtre et historien, nommé Bartolomé de las Casas, a écrit un livre intitulé *Histoire des Indes*, dans lequel il cite des passages du journal de Colomb. Fernando, le plus jeune des fils de Colomb, a écrit une biographie de son père dans laquelle il reprend également des extraits du journal original. Les historiens qui étudient le premier voyage de Colomb n'ont que ces deux livres auxquels ils peuvent se référer.

Avant l'aurore, au matin du 3 août 1492, les trois navires lèvent l'ancre et profitent de la marée matinale pour descendre le fleuve Tinto. Sur cette même marée voyage également le *Saltes*, le dernier navire à transporter les Juifs que Ferdinand et Isabelle ont expulsés d'Espagne. Si Colomb est au courant de cette coïncidence, il ne s'en préoccupe pas. En tant que fervent chrétien, il est d'accord avec cette expulsion des Juifs de l'Espagne. Il a déjà décidé que les colonies qu'il va fonder aux Indes ne seront pas ouvertes aux Juifs.

Une fois arrivés dans la mer Océane (océan Atlantique), ils se dirigent vers le sud, prenant avantage des vents du nord qui gonflent les voiles et accroissent leur vitesse.

C'est le plan de Colomb de se rendre d'abord aux îles Canaries, avant d'entamer le voyage vers l'ouest. Il a plusieurs raisons valables d'agir ainsi.

D'après l'expérience acquise au cours de ses précédents voyages, il sait qu'à ce temps de l'année, la mer est calme autour des Canaries. Il est beaucoup plus facile de naviguer là que dans les tempêtes au nord de la mer Océane. De plus, les Canaries sont situées à une latitude de 28 degrés nord, soit à la même latitude, selon l'avis de Colomb, que celle du Japon. Il croit également que la légendaire île de Antilia est située à cette latitude et que, s'il voyage en ligne droite vers l'ouest à partir des Canaries, il pourra y accoster, s'y reposer et s'y approvisionner.

En moins d'une semaine, ils sont en vue de l'île de Grande Canarie, mais le vent tombe et, pendant deux ou trois jours, la flotte est immobilisée sur une mer calme. Quand le vent se lève à nouveau, les trois bateaux accostent. La *Pinta* a besoin de réparations, aussi Colomb décide-t-il de les faire exécuter aux Canaries. Pendant ce temps il se rend à terre, et tombe en amour.

Doña Beatriz de Bobadilla est une jolie jeune veuve âgée de moins de trente ans. Colomb a dû souhaiter avoir fait cette rencontre en d'autres circonstances. Malgré le désir qu'il a de rester avec elle, rien ne va l'empêcher de poursuivre son voyage. Moins d'une semaine plus tard, le 6 septembre 1492, la flottille lève à nouveau l'ancre, complètement réparée et chargée de nourriture supplémentaire et d'eau fraîche.

Colomb ordonne alors à la flotte de prendre

un cap franc ouest. Quand les navires doublent l'île de Ferro, les marins naviguent désormais sans carte. Ils croient que Antilia sera la prochaine terre en vue, mais ils n'ont aucune idée à quelle distance elle se trouve. Devant l'incertitude de ce qui les attend, ils en oublient leurs rêves d'aventure et de fortune.

Il est difficile en mer, sans repère terrestre et sans guide, de garder un cap en ligne droite vers l'ouest. Colomb et ses pilotes voyagent au compas. Ce sont des plaques rondes portant les indications des quatre points cardinaux, nord, sud, est, ouest, séparées en vingt-huit intervalles, comme nord-nord-est, nord-est, et ainsi de suite. Le nord est marqué par une aiguille faite d'un morceau de minerai de fer aimanté. Les compas sont scellés dans des habitacles qui les protègent de l'eau et qui leur permettent également de bouger indépendamment des mouvements du navire. Pour voyager vers l'ouest, ils doivent avancer perpendiculairement au nord.

Les instruments de navigation pour calculer la latitude se basent sur la position des étoiles. En fonction de la hauteur de l'étoile Polaire par rapport aux deux étoiles les plus éloignées de la Petite Ourse, les marins peuvent estimer leur latitude. Pour comparer les distances entre ces étoiles, les marins utilisent un astrolabe.

On mesure le temps avec un sablier gradué en demi-heures. Quand le mousse chargé de l'instrument le retourne, il doit chanter. Il y a un refrain pour chaque tour. Samuel Eliot Morison, qui a passé la majeure partie de sa vie à étudier celle de Colomb, nous donne un exemple du refrain que l'on chantait à «cinq cloches» :

Cinq passe et six s'écoule,

Plus encore s'écouleront si Dieu le veut,

Compte et passe le temps

Pour rendre le voyage plus court.

Ce rituel permet aux marins de garder la notion du temps. C'est également une mesure de sécurité. S'il arrivait que le mousse en charge du sablier s'endorme ou néglige son travail en ne chantant pas au moment voulu, on allait certainement s'en rendre compte.

Au cours de la première dizaine de jours, la flottille profite d'une excellente température. Le soleil brille, la mer est calme et les vents poussent les navires à bonne allure. Les oiseaux sont nombreux et donnent aux hommes un sujet d'observation et de discussion. Pour eux, la présence des oiseaux est également un signe que la terre n'est pas très loin, bien que personne ne puisse l'apercevoir.

En plus de la présence familière des oiseaux, ils observent, au large de la mer Océane, des phénomènes étranges et peu fréquents. Une nuit, les marins sont terrorisés par la chute d'un météore. Colomb la décrit comme «une magnifique branche de feu». Un jour ou deux plus tard, les navires pénètrent dans ce que nous

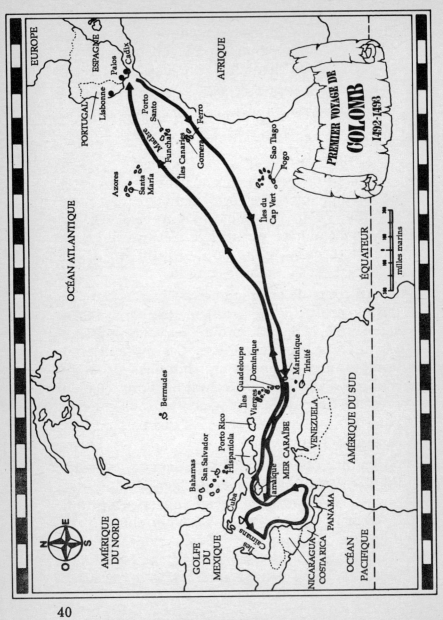

PREMIER VOYAGE DE
COLOMB
1492-1493

appelons aujourd'hui la mer des Sargasses.

C'est une mer à l'intérieur d'une mer et ses courants sont si lents que sa surface est couverte d'importants amoncellements d'algues flottantes. Colomb avait déjà entendu parler de cette mer, mais c'est fascinant pour lui de voir, sur des milles et des milles, la mer couverte d'algues vertes et jaunes.

Vers le onzième jour en mer, tout le monde se met à observer attentivement l'horizon pour apercevoir la terre. D'après les calculs de Colomb, les navires devraient être dans le voisinage de l'île d'Antilia. La présence des oiseaux semble appuyer les dires de Colomb, mais les marins ne savent pas que certaines espèces d'oiseaux, comme les pétrels, peuvent vivre au large pendant plusieurs mois. C'est alors que les vents changent, la mer devient calme et ils progressent très lentement.

Tout le monde, y compris Colomb, croit apercevoir une terre à l'horizon. Le capitaine général remercie le ciel et ordonne à ses troupes de chanter une hymne en l'honneur du Tout-Puissant. Le lendemain, à l'aurore, les marins doivent cependant admettre que ce qu'ils ont vu n'était rien d'autre qu'une formation nuageuse à l'horizon. Il n'ont pas trouvé l'île d'Antilia, ni aucune autre île, d'ailleurs.

Vers le début d'octobre, les marins commencent à ressentir la monotonie de la vie en mer. Aussi loin que porte le regard, au nord, au sud, à l'est et même à l'ouest, on ne voit rien d'autre qu'un vaste océan dont la ligne d'horizon se fond dans le ciel encore plus imposant. Les repas coupent la journée, mais le menu est monotone : biscuits et porc salé, occasionnellement un peu de viande. Il est difficile, à bord d'un bateau, de prendre une bonne nuit de sommeil, en particulier pour les hommes d'équipage. Si le capitaine et les officiers ont des lits, les matelots doivent dormir sur des planches de bois installées sur les ponts ou dans l'entrepont.

À cette étape du voyage, les hommes des trois navires viennent déjà d'établir un record, du moins en ce qui a trait à l'Histoire telle que nous la connaissons. Ils sont les premiers à avoir naviguer durant plus de trois semaines sans apercevoir la terre. Fatigués, les nerfs à vif, les hommes commencent à se chamailler entre eux pour la moindre peccadille. Les officiers des trois bateaux laissent les hommes se bagarrer, assez pour leur permettre d'exprimer leur frustration, mais les arrêtent à temps pour les empêcher de se blesser les uns les autres. Le mécontentement s'installe aussi chez les marins. Ils commencent à dire que ce voyage ne mène nulle part, que leur commandant général ne sait pas où il va. Un tel état d'esprit au sein d'un équipage mène souvent à la mutinerie et, sur les trois navires, chacun en est conscient.

Heureusement, quelques jours plus tard, on

commence à percevoir les signes que la terre est proche : des débris flottant à la surface de l'eau, une formation nuageuse, des oiseaux appartenant à des espèces terrestres. En fait, les marins remarquent que les oiseaux volent en formation et Colomb change de route afin de les suivre. Les hommes cessent de se plaindre et chacun se concentre afin d'être le premier à apercevoir la terre.

Le jeudi 11 octobre, Colomb note dans son journal que les hommes de la *Pinta* ont trouvé une pièce de bois flottant à la surface de la mer. La pièce semblait avoir été sculptée avec un outil de métal. C'était donc un indice qu'ils approchaient d'une terre.

À dix heures cette nuit-là, Christophe Colomb est lui-même sur le pont supérieur de la *Santa María*, quand il aperçoit une étrange lueur. Il ne sait pas ce que c'est et, depuis, personne n'a su dire ce que c'était. Il est possible qu'il s'agisse de vers que l'on appelle palolo, originaires des Indes occidentales et des Bermudes. Quelques jours après la pleine lune, ils remontent à la surface pour frayer. La partie postérieure de leur abdomen est phosphorescente et ils émettent une lueur bizarre.

La lueur peut également avoir été provoquée par la réflexion de la lune sur une masse de terre. Peu importe ce que c'est, Colomb et ses hommes y voient un signe d'espoir et, environ quatre heures plus tard, l'un des hommes signale la terre ferme.

Les historiens et les navigateurs se sont longuement querellés pour savoir de quelle île il s'agissait. Plusieurs navigateurs contemporains ont essayé de refaire le voyage de Colomb en se basant sur les paraphrases de son journal. Mais ils ne pouvaient pas se fier ni à son calcul des distances ni, surtout, à sa vitesse, étant donné que Colomb n'avait aucun moyen de la calculer précisément. Dans les années 1980, la Société National Geographic a demandé à un professeur de l'Université de la Floride, Eugene Lyon, de faire une nouvelle traduction, de l'Espagnol vers l'Anglais, des documents relatifs au premier voyage de Colomb. Par la suite, une équipe de la Société National Geographic a compilé dans un ordinateur toutes les informations disponibles, incluant les vents et les courants marins, de même que les renseignements recueillis dans les écrits de Colomb. L'ordinateur en a conclu que Colomb devait avoir touché terre à un endroit aujourd'hui connu sous le nom de Samana Key, aux Bahamas. Une visite sur cette île aujourd'hui inhabitée, financée par la Société National Geographic, a démontré qu'elle correspond exactement à la description qu'en fait Colomb. Des fouilles archéologiques, pratiquées sur l'île et dirigées par le musée d'État et l'Université de la Floride, ont mis à jour des pièces de poterie et d'autres signes qui démontrent que cette île était habitée à l'époque de Colomb. Preuve que la science moderne et les ordinateurs peuvent être d'une grande utilité dans la recherche de la vérité historique!

Au matin du vendredi 12 octobre, les trois navires jettent l'ancre. Colomb se rend à terre à bord d'une petite embarcation armée. Des gens se rassemblent sur la plage pour accueillir le groupe. Tous sont nus et âgés de moins de trente ans. C'est une population affable et vigoureuse dont le front et la tête sont d'une largeur inhabituelle pour Colomb. En effet, la coutume de ce peuple, les Lucayans, est de bander la tête des nouveau-nés de telle sorte qu'elle s'élargisse avec l'âge. Pour eux, une tête large est un critère de beauté.

Les Lucayans sont décorés de motifs aux couleurs noire, rouge et blanche. Ils voyagent dans des embarcations creusées à «même les troncs d'arbres» dont certaines sont assez grandes pour accueillir quarante hommes. Ils appellent ces embarcations *canoa*, d'où l'origine du mot *canot*. Colomb remarque que plusieurs des hommes ont des cicatrices sur le corps. En utilisant le langage des signes, ces hommes expliquent que des habitants des îles voisines viennent chez eux pour essayer de les capturer.

Colomb ne perd pas de temps et ordonne à ses hommes de planter le drapeau espagnol sur l'île et en prend possession au nom de la couronne d'Espagne. Il nomme l'île San Salvador en l'honneur de Jésus-Christ (Saint Sauveur). Il ordonne ensuite à ses hommes de remplir les barriques d'eau potable, car le peu d'eau qui leur reste a croupi sous le climat des tropiques et est impropre à la consommation. Puis, ses hommes et lui commencent à négocier avec les Lucayans. En échange des casquettes rouges, de la verroterie et des grelots que Colomb a apportés, les Lucayans offrent des perroquets, du fil de coton et des lances dont la pointe est faite de dents de poissons. Si l'on se fie aux notes de Colomb, les Lucayans auraient été tout disposés à offrir ces objets aux étrangers sans rien recevoir en échange. Il les décrit, en effet, comme étant aimables et d'un naturel très généreux.

En utilisant un langage de signes (les Lucayans ne comprenaient pas l'arabe, donc l'interprète de Colomb n'était d'aucune utilité), les indigènes font comprendre à Colomb qu'il y a une terre à l'ouest ainsi qu'au nord-ouest où vivent des peuplades qui viennent souvent se battre avec eux. Ils lui parlent également d'une terre, plus au sud, où vit un roi puissant qui a beaucoup d'or. Colomb décide donc de trouver ce roi.

Pendant qu'on fait quelques réparations aux navires et que les marins profitent du plaisir d'être sur la terre ferme, Colomb et une poignée d'hommes partent en barque pour explorer les contours de l'île. Ils sont de retour après quelques heures et les trois navires lèvent l'ancre pour explorer les îles avoisinantes. Ils prennent six

Lucayans avec eux pour leur servir de guides. Ces Lucayans auraient préféré rester chez eux, mais ils sont embarqués contre leur gré.

Colomb baptise l'île suivante Santa Maria de la Concepción, en l'honneur de la Vierge Marie. Aujourd'hui, cette île s'appelle l'île du Bossu. Il y trouve des gens qui sont ravis de ce qu'il leur propose comme monnaie d'échange. Ils n'ont pas d'or, à l'exception de quelques parures qui proviennent d'ailleurs. Malgré toutes ses gesticulations, Colomb ne réussit pas à apprendre d'où elles viennent.

Colomb est fasciné par la vie sauvage qu'il voit sur ces îles et dans les environs. Dans la mer, il y a des baleines et des poissons multicolores qui, lorsqu'ils sont morts, perdent toutes leurs couleurs. Sur les hauts-fonds entourant la Concepción, il voit un...

> *«serpent, que nous avons tué. (...) quand il nous a vus, il s'est lancé dans le lac et, puisque c'était peu profond, nous l'avons poursuivi et l'avons tué à coup de lances.»*

Il le décrit comme ayant deux mètres de long.

Il s'agissait probablement d'un crocodile. Un conservateur adjoint au musée national d'histoire naturelle de l'Université de la Floride à Gainesville, William Keegan, a utilisé les descriptions que l'on retrouve dans le journal de Colomb pour essayer de localiser le village où Colomb a aperçu le «serpent». Au cours d'une fouille sur ce site, on a découvert un os et une dent de crocodile. Le site date des environs de 1492. Personne ne peut cependant affirmer que l'os et la dent appartenaient au crocodile tué par Colomb.

La troisième île est baptisée Fernandina en l'honneur du roi Ferdinand d'Aragon. C'est une grande île, également habitée. Colomb remarque que les indigènes sont légèrement différents des Lucayans des deux autres îles :

> «ils sont plus mercantiles et évolués...
> Toutefois, je ne leur connais pas de secte et
> je crois qu'ils pourraient rapidement
> devenir chrétiens, car ils sont de très
> bonne intelligence.»

Si, de prime abord, Colomb avait décrit les Lucayans comme généreux et aimables, il a probablement changé d'idée suite à son expérience avec les six hommes qu'il avait forcés à l'accompagner.

Colomb ne reste pas sur l'île assez longtemps pour découvrir, à l'intérieur des terres, les cavernes de chaux où des tabourets et des statuettes sculptées servent aux rites religieux. Il y reste cependant suffisamment longtemps pour s'émerveiller devant les arbres et il rapporte même que, dans un cas particulier, plusieurs variétés différentes de branches poussent sur le même tronc.

Mais c'est de l'or que Colomb cherche, aussi

appareille-t-il pour la quatrième île qu'il nomme Isabella, en l'honneur de la reine d'Espagne. Aujourd'hui, on l'appelle l'île de la Fortune, nom qui, même à l'époque de la visite de Colomb, aurait été approprié, puisque c'est ici, affirment ses guides lucayans, que vit le roi qui a de l'or. Pendant plusieurs jours, la flotte attend à courte distance de l'île en espérant que le roi apparaisse. Mais il ne se montre pas et Colomb se refuse à lancer une expédition pour aller au devant de lui.

S'il agit ainsi, c'est à cause de ses guides lucayans. Il craint que s'il jette l'ancre, ils ne se sauvent et retournent chez eux, à San Salvador, qui n'est qu'à huit lieues de là (environ vingt kilomètres). Pendant ce temps, les Espagnols et les Lucayans en sont venus à se comprendre un peu mieux les uns les autres, et Colomb réalise qu'ils parlent d'une terre qu'ils appellent Colba. Il est persuadé que cette terre, que lui appelle Cuba, doit faire partie du Japon ou de la Chine. C'est donc là qu'il se dirige ensuite.

Même si les petites îles des Bahamas qu'il vient de découvrir ne recèlent pas d'or, elles ajoutent beaucoup aux connaissances de Colomb et au confort de son équipage. Ils y trouvent du maïs, des patates douces (yams), des citrouilles et une variété d'arbre qui, estime à juste titre Colomb, devrait faire un bon bois de teinture. Pour l'équipage, la découverte la plus intéressante est celle du hamac que les Lucayans appellent hamaca. C'est le lit de base des indigènes, fait de coton tissé et tendu entre deux arbres. Bientôt, les *hamacs* seront utilisés à bord des navires et s'avéreront être des lits plus secs et plus confortables que les planches dures du pont.

La flottille de Colomb atteint Cuba et jette l'ancre sur la côte nord, le 28 octobre 1492. Puisqu'il n'en a pas fait le tour, il ne peut pas savoir, à ce moment, qu'il s'agit d'une île. Il croit que cette terre fait partie de l'Asie. Il est convaincu que l'Inde n'est pas bien loin, aussi appelle-t-il Indiens les habitants qu'il y rencontre.

Les «Indiens» sont amicaux et désireux de plaire. Questionnés à propos de la provenance de l'or, ils parlent d'un endroit dont le nom ressemble à Cubanacan, qui veut dire mi-Cuba. Mais Colomb est tellement convaincu qu'il a atteint la Chine qu'il décide qu'ils disent «Le Grand Can». Pour lui, il ne peut s'agir que du fabuleux empereur de Chine, le Grand Khan, dont parle Marco Polo dans ses récits.

Immédiatement, Colomb envoie une mission pour établir des relations diplomatiques avec l'empereur. Luis de Torres, qui connaît l'arabe, est nommé responsable. Un marin l'accompagne, Rodrigo de Xeres, qui a déjà rencontré un roi africain en Guinée et qui, de ce fait, saura comment se comporter face à un souverain. Accompagnés des Indiens, qui portent la lettre officielle d'introduction de Colomb à l'empereur des Chinois ainsi que différents présents, les deux

Espagnols s'enfoncent vers l'intérieur des terres. Ils s'attendent à trouver une grande cité impériale, mais découvrent plutôt un village de huttes aux toits de chaume et un peuple accueillant qui n'a pas d'or.

Pendant que sa délégation officielle est en mission, Colomb s'affaire à prouver qu'il a effectivement atteint la Chine. Il ramasse des échantillons de plantes qui ressemblent à celles dont il a entendu parler ou au sujet desquelles il a lu. Il prend un échantillon d'un buisson dont l'odeur ressemble à celle de la cannelle. Le chirurgien de la flotte croit que certaines racines sont de la rhubarbe chinoise, un médicament apprécié en Europe. Il ramasse également du poivre créole qui semble être du même genre que le poivre qu'on trouve en Chine.

Quand la délégation officielle revient et annonce qu'ils n'ont pas pu trouver le Grand Khan, ils ont tout de même beaucoup d'histoires intéressantes à raconter. L'une des plus intrigantes relate comment les habitants de Cuba allument avec des brindilles des cylindres de feuilles roulées, dont ils inhalent la fumée. Ils appellent ces rouleaux en forme de cigare *tobacos*.

Les Indiens continuent d'affirmer qu'il y a de l'or à Cuba et la flotte passe plusieurs semaines à parcourir différents havres à la recherche de ce trésor. À un moment, le capitaine de la *Pinta*, Martín Alonso Pinzón, part seul avec son navire dans l'espoir d'être le premier à trouver de l'or.

(Il ne réussira pas.) Il perdra contact avec Colomb jusqu'à son retour au pays. La désobéissance de Pinzón rend Colomb furieux, mais, en terre étrangère et à des milliers de kilomètres de chez lui, il n'y a pas grand-chose qu'il puisse faire. Le temps file. Colomb devra bientôt retourner en Espagne et il n'a toujours pas trouvé d'or.

Quelque temps après, les Indiens commencent à parler d'une autre terre où l'on peut trouver de l'or. À ce moment, Colomb est désespéré. S'il ne trouve pas d'or, rien ne réussira à prouver qu'il a trouvé les Indes. Au début de décembre, la *Niña* et la *Santa María* appareillent pour traverser le canal du Vent. Ils accostent à Haïti le 6 décembre, jour de la fête du patron des marins et du saint favori des enfants, saint Nicolas. Aussi Colomb nomme-t-il ce port le môle Saint-Nicolas. Il baptise cette terre La Isla Espanola, «l'île de l'Espagne», parce que sa beauté lui rappelle l'Espagne. Aujourd'hui, on l'appelle Hispaniola.

Sur cette île d'Hispaniola, Colomb trouve enfin de l'or. Les indigènes, les Taino Arawak, portent tous des parures en or. Par la suite, Colomb reçoit une invitation de Guacanagari, un *cacique*, ou chef, de la partie nord-ouest de l'île, et les deux navires partent pour la baie de Caracol. En atteignant les eaux calmes du port en cette veille de Noël, l'amiral décide de dormir pour la première fois depuis quarante-huit heures. Le timonier de la *Santa María* fait de même et laisse la barre à un jeune mousse. Vers minuit, la caravelle frappe un récif de corail. Le mousse pousse son chant d'alarme, mais avant que Colomb et le capitaine n'arrivent, les dommages sont déjà faits. Le bateau s'est échoué, les pointes de corail percent le fond du navire et la coque se remplit d'eau. Colomb donne l'ordre d'abandonner le navire.

À la lumière du jour et avec l'aide des hommes envoyés par Guacanagari, les marins essaient de libérer le navire du récif, mais sans succès. Tout ce qu'ils réussissent à faire, c'est de sauver la cargaison, y compris les marchandises prévues pour le troc. Quelques Indiens sont chargés de garder les casquettes rouges, la verroterie, les grelots et les autres biens, et Colomb notera plus tard que rien n'a disparu.

Christophe Colomb, étant persuadé que Dieu l'accompagne dans ce voyage, interprète l'accident de la *Santa Maria* comme le signe que c'est ici qu'il doit établir une colonie. Il ordonne alors à ses hommes de construire un camp fortifié en se servant du bois du navire échoué. Guacanagari est ravi de l'idée, car il croit que cela l'aidera à se protéger des ennemis qu'il a dans les autres parties de l'île. Colomb baptise son campement Villa de la Navidad (ville de Noël). Il n'a aucune difficulté à trouver des hommes pour peupler le camp, dont la plupart des membres de l'équipage de la *Santa María* se portent volontaires de même que quelques marins de la

Niña. En tout et partout, il y a trente-neuf volontaires, comprenant un charpentier, un maître-calfat , un médecin, un canonnier, un tailleur et un tonnelier. Partout où ils posent les yeux, ils voient des signes de la présence de l'or et ils ont bien l'intention de faire le plus d'échanges possible. Pour les aider, Colomb leur donne la plupart des marchandises de troc qui lui restent, de même que les provisions qu'il a en trop, et promet de revenir dès qu'il le pourra.

À ce moment, le temps est venu de rentrer en Espagne. Il a accompli ce qu'il s'était proposé de faire, du moins il le croit. Il est convaincu d'avoir découvert les Indes, d'y avoir établi une colonie et d'avoir suffisamment de preuves de sa découverte à rapporter à Ferdinand et à Isabelle. Il se prépare donc à retourner en Espagne à bord de la *Niña* et, si possible, en compagnie de la *Pinta* s'il peut la retrouver. Au lever du soleil, le 4 janvier 1493, toujours sans nouvelles de la *Pinta*, Colomb met les voiles vers l'Espagne.

5
AMIRAL DE LA MER OCÉANE

Pendant trois jours, la *Niña* vogue vers l'est le long de la côte d'Hispaniola. Soudainement, un autre navire est en vue. C'est la *Pinta*, disparue depuis longtemps. Furieux contre Pinzón, qui avait choisi de partir de son côté, Colomb est maintenant soulagé de pouvoir compter sur deux navires pour le voyage de retour à travers la mer Océane.

Pinzón monte à bord de la *Niña* pour faire son rapport à Colomb. Il n'a pas trouvé d'or là où il s'attendait à en trouver, mais il en a découvert ailleurs. Il était sur le point de faire des recherches quand les Indiens l'ont informé du naufrage de la *Santa María*. Il avait alors fait demi-tour pour aider Colomb. Colomb accepte l'explication et décide, qu'à son prochain voyage à Hispaniola, il explorera l'endroit où Pinzón a trouvé de l'or.

En attendant les vents favorables, Colomb explore plus à fond la côte d'Hispaniola. Les hommes envoyés sur la terre ferme pour la corvée d'eau découvrent de grosses pépites d'or à l'embouchure d'une rivière que Colomb baptise la rivière de l'Or. Quelques jours plus tard, ils rencontrent pour la première fois des Indiens armés, mais ils font en sorte d'éviter les affrontements. Ils réussissent même à convaincre quelques uns d'entre eux de se joindre au groupe de Lucayans qu'ils ramènent en Espagne avec eux.

Finalement, le 16 janvier, les deux bateaux remontent vers le nord où ils espèrent rencontrer de puissants vents d'ouest qui leur permettront de mettre le cap vers l'Europe. Ils traversent la mer des Sargasses sous la pleine lune et tous à bord reprennent courage à la vue de la prairie d'algues qu'ils avaient traversée à l'aller. Le dernier jour de janvier, les navires mettent le cap à l'est et, poussés par de forts vents, tiennent une bonne allure pendant plusieurs jours.

En moins d'une semaine, cependant, les vents deviennent plus violents et le temps vire à la tempête. Les petites caravelles se battent pour survivre sur cette mer démontée. Dans la nuit du 13 février, les deux navires se perdent de vue dans la tempête, situation inquiétante pour tout le monde. Le lendemain matin, tout l'équipage de la *Niña* prie saint Valentin et la Vierge Marie. Colomb craint que tous ne périssent et que le

Christophe Colomb, tel
que dépeint dans une
gravure du XVIe siècle.

Christophe Colomb à la cour de la reine Isabelle.

Le roi Ferdinand et la reine Isabelle faisant leurs adieux à Colomb au départ de son premier voyage, en 1492.

Gravure sur bois illustrant la flotte de Colomb, lors de son premier voyage.

Christophe Colomb à bord de la
Santa María, en 1492.

Lors du premier voyage, après deux mois en mer et n'ayant toujours pas de
terre en vue, l'équipage menace de se mutiner.

Colomb et son équipage apercevant la terre, tels que dépeints dans «Le premier regard sur le Nouveau-Monde», lithographie datant de 1892.

Colomb mettant pied sur le nouveau continent.

Une gravure du XVIe siècle décrivant la rencontre de Colomb et des indigènes à Hispaniola.

Un chef indigène informe sa tribu de l'arrivée de Colomb, illustration datant de 1890.

Gravure datant de 1892. Le naufrage de la *Santa María* sur les côtes d'Hispaniola, la veille de Noël 1492.

Le retour triomphal de Colomb en Espagne, en 1493. Les captifs qu'il a ramenés marchent derrière lui.

Gravure sur cuivre. Colomb, à la cour d'Espagne, fait le compte rendu de son voyage au roi Ferdinand et à la reine Isabelle.

Une lithographie, datant de 1892, nous dépeint Colomb enchaîné, après son arrestation en 1500.

Gravure sur cuivre.
Colomb en prison,
en 1500.

À Washington, sur l'une des grandes portes de bronze du Capitol, un
bas-relief décrit Colomb recevant les derniers sacrements à Valladolid, en
Espagne, le 20 mai 1506.

monde n'apprenne jamais sa formidable découverte. En désespoir de cause, il note les grandes lignes de son voyage et ses principales découvertes sur un parchemin, puis il l'enveloppe dans un tissu ciré et place le tout dans un baril qu'il jette à la mer. On ne retrouvera jamais ce baril.

Le lendemain, au grand soulagement de l'équipage de la *Niña*, la terre est en vue. Ils viennent d'atteindre les Açores. Ils accostent à Santa Maria et tous vont se recueillir dans une chapelle consacrée à la Vierge. Tandis qu'ils prient, ils sont capturés par un groupe d'hommes du village et jetés en prison. Le capitaine de l'armée portugaise responsable de l'île croyait qu'ils revenaient d'un voyage illégal en Afrique de l'Ouest (seul le roi du Portugal pouvait autoriser de tels voyages). Heureusement, Colomb est en mesure de régler le différend et de faire libérer ses hommes.

La *Niña* reprend la mer et rencontre d'autres tempêtes, puis un ouragan. À ce moment, ses voiles sont en lambeaux, mais on ne peut rien faire d'autre que de continuer avec les mâts dégarnis. Colomb et son équipage sont eux-mêmes assez éprouvés, ils sont à bout de forces d'avoir combattu la tempête et ils en sont réduits à manger des restes parce que les provisions sont épuisées. Se décrivant lui-même dans son journal, Colomb écrit :

«*j'ai les jambes très faibles, dû au fait*

*d'avoir été constamment exposé au froid et
à l'eau et d'avoir très peu mangé»*

Ayant perdu son cap et se dirigeant droit vers
le Portugal, Colomb ne prend pas le risque de
continuer jusqu'en Espagne. Il décide plutôt de
s'arrêter à l'embouchure du Tage et d'accoster à
Lisbonne. Il sait que, battant pavillon du grand
rival maritime du Portugal, il prend un risque,
mais il ne voit pas d'autre solution.

Également ancré à Lisbonne au moment de
l'arrivée de la *Niña*, se trouve un grand bateau de
guerre commandé par Bartolomeu Dias,
l'explorateur portugais qui avait le premier
doublé le cap de Bonne-Espérance à la pointe de
l'Afrique. Dias se montre très aimable et offre son
aide à Colomb pour faire réparer son navire et se
réapprovisionner.

Le roi Jean du Portugal convoque Colomb. Ce
dernier s'inquiète d'avoir à visiter le souverain
portugais avant la reine d'Espagne qui l'a
appuyé, mais il sait qu'il se doit d'accepter. Il
emmène avec lui quelques-uns des Indiens les
plus vigoureux, afin de démontrer qu'il ne s'est
pas approché des côtes africaines. Ces Indiens
s'avèrent d'un grand secours pour Colomb. En
plus d'être bien différents des Africains, ils sont
en mesure de raconter au roi tout ce qu'ils savent
sur la région d'où ils viennent. Avec des fèves, ils
tracent une carte de cette région qu'on appellera
plus tard les Petites Antilles, un chapelet d'îles
situé au sud du groupe d'îles que venait de

découvrir Colomb. Colomb est libre de rentrer en Espagne.

Pendant ce temps, la *Pinta*, menée par le capitaine Martin Alonso Pinzón, avait connu une traversée légèrement moins pénible et avait réussi, vers la fin février, à rallier un port du nord de l'Espagne. Pinzón avait fait parvenir un mot au roi et à la reine à Barcelone, espérant qu'il aurait le privilège de leur annoncer la nouvelle des excitantes découvertes faites à l'ouest. Mais le couple royal lui fait répondre qu'ils attendront que Christophe Colomb vienne leur raconter la nouvelle lui-même. Embarrassé, Pinzón appareille pour Palos, son port d'attache.

La *Niña* et la *Pinta* arrivent à Palos portées par la même marée, la *Niña* précédant de peu son bateau-soeur qu'elle avait perdu de vue depuis longtemps. Voyant que la *Niña* est déjà là, Pinzón ne peut en supporter plus. Il rentre directement chez lui, tout près de Palos, et meurt en deçà d'un mois. Le long voyage et son échec à se mériter la reconnaissance à laquelle il croit avoir droit sont plus qu'il n'en peut supporter.

De son côté, après s'être reposé et restauré convenablement pendant quelques jours, Colomb termine son journal. Voici les derniers mots qu'il écrit :

> «De ce voyage, je retiens que la volonté de
> Dieu a miraculeusement été tracée (comme
> on peut le constater dans ce journal) par
> les nombreux signes qu'Il a donnés tout au

long de ce voyage et qu'Il m'avait déjà
manifestés au moment où j'étais à la cour
de Votre Majesté, affrontant l'opposition
et les opinions de tant de hauts
personnages de Votre maison, lesquels
étaient tous contre moi, prétendant que
c'était folie que ce voyage lequel, je l'espère
au nom de Notre Seigneur, servira la plus
grande gloire de la Chrétienté, ce qui,
jusqu'à un certain point, s'est déjà
réalisé.»

En d'autres mots, Colomb écrit «Je vous
l'avais bien dit». Les nombreuses années qu'il a
perdues à chercher un appui pour réaliser son
voyage l'ont rendu amer et jamais il ne
pardonnera à ceux qui ont douté de lui.

Pendant qu'il est encore à Lisbonne,
Christophe Colomb fait parvenir le rapport
officiel de son voyage au roi et à la reine.
Craignant que le roi Jean du Portugal ne
l'intercepte, une fois rentré en Espagne, il en
envoie une copie par courrier officiel. Il en fait
également parvenir un double à Cordoue où sont
Béatriz et ses fils, Diego et Fernando. Il tient à
s'assurer à ce qu'une copie au moins de ce rapport
soit en sécurité.

Vers la fin de la première semaine d'avril, il
reçoit une lettre de Ferdinand et Isabelle. Elle est
adressée à «Notre amiral de la mer Océane,
vice-roi et gouverneur des îles qu'il a découvertes
aux Indes». C'est un ordre de les visiter à la cour.

Colomb déborde de joie. Tous les titres qu'il a demandés viennent de lui être accordés. Il a gagné la célébrité et le respect. Et aussitôt qu'il pourra retourner aux Indes, il fera fortune.

Il se met immédiatement à rédiger un rapport à l'intention du roi et de la reine, expliquant comment il compte procéder pour coloniser les îles. Deux mille colons, uniquement des Espagnols, seront amenés dans les îles. Les étrangers, les Juifs, les gens hostiles à l'Église ou les incroyants ne seront pas tolérés. Les colons fonderont des villes en échange d'un permis pour faire le commerce de l'or avec les insulaires. Ils devront aller à l'intérieur des terres pour trouver des indigènes consentant à échanger leur or, mais, à des moments précis dans l'année, ils devront revenir dans leur ville et remettre leur or pour le faire fondre. Un cinquième ou vingt pour cent, sera alors prélevé pour le roi et la reine, de même que pour la dîme. À d'autres moments précis, il sera interdit de faire le commerce de l'or afin que les colons ne négligent pas leurs champs. Les Indiens seront facilement convertis au christianisme et forcés de travailler comme esclaves pour les colons. Colomb propose même de réaliser un intéressant profit en exportant ces esclaves en Europe.

À l'époque où il fait parvenir ce rapport au roi et à la reine, Colomb écrit également à son frère Bartolomé, en France. Il lui raconte le succès de son expédition et l'invite à l'accompagner lors de la prochaine.

Colomb prépare soigneusement son voyage à la cour de Ferdinand et Isabelle. Il s'achète de nouveaux vêtements, invite quelques-uns de ses officiers à l'accompagner et s'arrange pour que six des Indiens fassent également partie du voyage. Il leur ordonne de revêtir leurs tenues d'apparat (plumes, arêtes de poissons et parures d'or) et de porter des cages contenant des perroquets. Ce sera tout un défilé.

Le groupe se met en branle pour cette visite à la cour, attirant des foules tout le long du chemin. Personne n'a jamais rien vu de tel. Les Indiens et les perroquets sont la principale attraction, mais les gens se tournent également pour voir l'homme qui a traversé la mer Océane et découvert les Indes. Christophe Colomb apprécie certainement l'attention dont il est l'objet.

Après avoir traversé l'Andalousie, le groupe fait une entrée triomphale à Cordoue. Là, Colomb retrouve Béatriz, son fils Diego, maintenant âgé de treize ans, et Fernando qui a cinq ans. Ils se joignent tous à la procession et, après une grande fête à Cordoue, continuent vers Barcelone.

Quand le défilé entre dans Barcelone, c'est comme si toute la cité avait interrompu ses activités pour accueillir Colomb et son groupe. La foule l'escorte jusqu'à la cour royale. Quand il entre dans le hall et qu'il fait sa révérence à Ferdinand et Isabelle, les deux monarques se lèvent pour l'accueillir. Après le baisemain de circonstance, les deux souverains lui font l'honneur de l'inviter à s'asseoir sur un fauteuil à la droite de la reine.

De sa place d'honneur, Colomb convoque les Indiens avec leurs perroquets, de même que différents serviteurs, pour montrer les épices et l'or qu'il a rapportés. Il raconte ses aventures au roi et à la reine et les entretient sur les richesses des terres qu'il a découvertes. Plus tard, tous se rendent à la chapelle voisine afin de remercier le Seigneur d'avoir accordé sa protection à Colomb. On remarque que des larmes coulent sur le visage de l'amiral.

Peu de temps après, les six Indiens sont baptisés dans la foi catholique romaine. On ne sait pas quelle est leur réaction face à l'événement, mais Colomb est ravi et compte bien convertir tous les indigènes des îles qu'il a découvertes et qu'il veut coloniser. Il n'a pas l'intention d'attendre bien longtemps avant de retourner aux Indes.

Ferdinand et Isabelle entretiennent ses espoirs. Après tout, ils veulent établir les droits de la couronne d'Espagne sur ces territoires en y établissant une vraie colonie, non seulement un village fortifié. Vers la fin de mai, ils donnent à Colomb son ordre de mission officielle. Il doit établir une colonie marchande et convertir les indigènes au christianisme. Il doit également faire d'autres explorations, afin de s'assurer que Cuba fait réellement partie du continent asiatique et est bien la porte d'entrée vers la Chine et les autres pays d'Orient.

On met très peu de temps à organiser la seconde expédition qui sera beaucoup plus importante et mieux équipée que la précédente. En fait, c'est la plus importante expédition de colonisation outre-mer à être mise sur pied par un pays européen. Elle compte au moins dix-sept navires chargés de vivres en prévision d'un voyage de six mois, plus une période de colonisation. Cette fois, en plus des moutons, chèvres, poules, oies, canards et porcs qui assurent une réserve de provisions fraîches durant le voyage, il y a également des chevaux et du bétail. Colomb souhaite que ces bêtes réussissent à s'adapter au climat des Indes et à se reproduire, de telle sorte qu'on puisse s'en servir pour se nourrir et travailler.

La *Niña* est au nombre des dix-sept navires. Par coïncidence, le navire-amiral s'appelle la *Santa María*, tout comme celui du premier voyage. Au moins 1 200 marins, soldats et colons voyageront sur ces navires, de même que des chirurgiens, des artisans et six prêtres dont la tâche consistera à convertir les Indiens. Cinq des Indiens qui ont été baptisés retournent chez eux avec la flotte. Le sixième restera derrière, à la cour de Ferdinand et Isabelle.

En septembre 1493, Christophe Colomb fait de nouveau ses adieux à Béatriz et à ses fils, et se prépare à partir une deuxième fois pour les Indes.

Jusqu'à la dernière minute, il attendra son frère, Bartolomé, dans l'espoir qu'il fasse partie de l'expédition. Finalement, Colomb partira sans lui.

6
LE SECOND VOYAGE

De ce second voyage, il ne subsiste aucun journal écrit par Colomb. Cependant, nous avons des comptes rendus écrits par trois hommes qui faisaient partie de l'expédition, dont Juan de la Cosa qui était le cartographe. Nous savons que Diego, le plus jeune frère de Colomb, l'accompagnait lors de ce voyage. Nous savons que la flotte lève l'ancre et quitte le port espagnol de Cadix, le 25 septembre 1493. Nous savons également que, comme il l'a fait précédemment, Colomb se rend d'abord aux îles Canaries.

Par la suite, dans le but de raccourcir le voyage et de faire de nouvelles découvertes dans les Petites Antilles, l'Amiral emprunte cependant une route différente pour se rendre à Villa de la Navidad. Se fiant aux informations fournies par les Lucayans, il met le cap ouest-sud-ouest. La flotte profite d'excellentes conditions climatiques. À l'exception d'une tempête, vers la fin d'octobre, ils voguent rapidement, poussés par les vents favorables. Les navires les plus rapides tiennent la tête du convoi jusqu'au coucher du soleil, où toute la flotte se regroupe autour de la *Santa María*, le navire-amiral, pour que Colomb puisse leur donner ses ordres pour la prochaine journée. À la tombée de la nuit, les lanternes des navires oscillent mollement, bercées par les vagues, donnant à chacun à bord un sentiment de sécurité rarement éprouvé lors du premier voyage.

Contrairement aux marins de la première expédition, les matelots sont nombreux à s'engager pour ce voyage, avides de prendre leur part du trésor qui, ils en sont sûrs, les attend. Ils savent où ils vont et, à cause de la traversée facile, ils ne deviennent pas grognons comme le premier équipage. Cette fois, grâce au temps favorable, la flotte accoste après une traversée qui aura duré vingt-et-un ou vingt-deux jours.

C'est par un dimanche qu'on aperçoit la première terre et Colomb nomme cette nouvelle île Dominica. C'est le nom qu'elle porte encore aujourd'hui. Exactement comme il l'avait prévu, il a atteint ce que nous appelons aujourd'hui les Petites Antilles. Au fur et à mesure que le jour se lève, on peut apercevoir d'autres îles et Colomb les nomme Santa Maria Galante, d'après le nom de son navire-amiral, et Todos los Santos (tous les saints), puisque nous sommes quelques jours après la fête de la Toussaint, célébrée le premier novembre. Ces îles portent toujours ces noms.

Après avoir cherché en vain un port, l'Amiral ordonne finalement à la flotte de jeter l'ancre devant Santa María Galante. Il descend sur le rivage et y plante le drapeau de l'Espagne. Il envoie des hommes explorer l'île, mais ils ne trouvent rien qui soit d'un grand intérêt. Aussi la flotte repart-elle et continue son voyage en se dirigeant cette fois vers une grande île que Colomb nomme Santa María de Guadalupe (d'après la Vierge de Guadalupe). Aujourd'hui, on l'appelle la Guadeloupe. Ils y trouvent une baie abritée où ils jettent l'ancre et Colomb envoie un groupe d'éclaireurs à terre. Ces marins sont les premiers Européens connus à voir des ananas. Ils trouvent également des perroquets apprivoisés et d'autres hamacs. Ils font deux autres découvertes à la fois excitantes et intrigantes : une pièce de bois qui semble provenir d'un navire européen et un pot de fer qui a également l'air de venir d'Europe. Ils n'ont aucun moyen de savoir si ces objets sont les signes que d'autres sont déjà venus ici avant eux ou s'ils ont été portés par la mer sur des milliers de kilomètres pour venir s'échouer sur ces rivages. Personne n'a jamais pu éclaircir ce mystère.

Exaltés par toutes ces passionnantes découvertes, les éclaireurs perdent leur route.

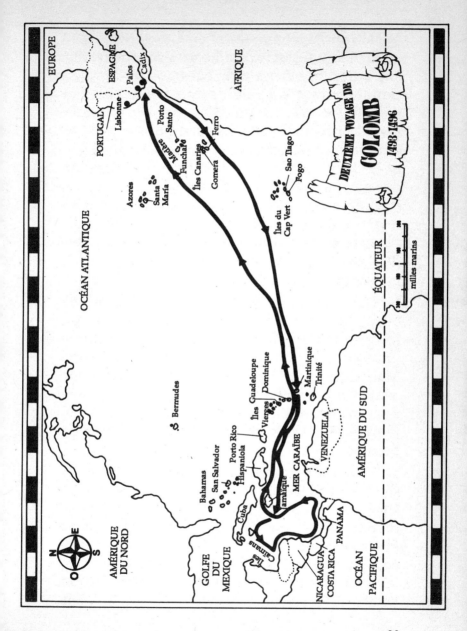

DEUXIÈME VOYAGE DE **COLOMB** 1493-1496

Voyant que le groupe ne revient pas dans un délai raisonnable, Colomb commence à s'inquiéter. Il a entendu dire par les indigènes que les terribles Caribes vivent sur l'île de Guadalupe. Le mot «*cannibale*» vient de l'espagnol, *canibale*, c'est-à-dire mangeur de chair humaine. Les Caribes sont de farouches guerriers qui mangent de la chair humaine et Colomb n'a pas l'intention de leur laisser ses hommes en capture. Quand les éclaireurs retrouvent finalement leur chemin et reviennent à l'endroit où ils ont touché terre, ils racontent d'inquiétantes histoires de huttes désertes, remplies de morceaux de chair et de membres humains.

Une fois le groupe d'éclaireurs en sécurité à bord, la flotte continue son exploration en longeant d'autres îles. Colomb les baptise pratiquement toutes en l'honneur de la Vierge Marie. Il s'arrête à un seul endroit qu'il nomme Santa Cruz et qu'on connaît aujourd'hui sous son nom français de Sainte-Croix. Plus tard, il regrettera d'avoir choisi précisément cette île pour accoster.

Il s'y était probablement arrêté parce que l'île semblait habitée. Plutôt que de la forêt dense, ce sont des champs qui s'offrent à sa vue. À l'entrée du port, il aperçoit un petit village. Il jette l'ancre et envoie un groupe d'hommes armés en éclaireurs. En voyant l'embarcation s'approcher, les habitants prennent la fuite. Toutefois, quand l'embarcation revient vers le navire-amiral, elle rencontre un canot à bord duquel se trouvent six Caribes, quatre hommes et deux femmes, armés d'arcs et de flèches aux pointes empoisonnées. Les Caribes attaquent les Espagnols. Ils se battent furieusement et en blessent deux avant d'être capturés et emmenés à bord. C'était là le premier contact des Espagnols avec des guerriers féminins.

Colomb ne s'attarde pas à Santa Cruz et se dirige vers d'autres îles. Comme il s'approche de celles qu'il voyait depuis Santa Cruz, il se rend compte qu'il est face à des centaines de petites îles. Plutôt que de leur donner chacune un nom, il décide de les appeler Las Once Mil Virgines, d'après la légende qui raconte que 11 000 vierges, parties de Cornwall sur les côtes anglaises pour aller en pèlerinage à Rome, avaient été tuées par les Huns, à Cologne en Allemagne. On appelle encore ces îles les îles Vierges.

La flotte continue son exploration et atteint finalement la plus grande île de cette chaîne que nous appelons maintenant Porto Rico. Colomb la baptise San Juan Bautista, en l'honneur de saint Jean-Baptiste.

Colomb doit maintenant remplir le principal objectif de son second voyage qui est de fonder une colonie. Aussi, vers la troisième semaine de novembre, ordonne-t-il à la flotte de virer à l'ouest vers Hispaniola, l'île où il a établi la ville de La Navidad. En chemin, ils dépassent Cuba et, sur un groupe d'îles plus au sud, découvrent la tortue verte. Les indigènes pêchaient ce grand animal marin en utilisant du poisson comme appât et les Espagnols trouvent que la chair de la tortue verte est très bonne au goût. Certains experts affirment que les Européens n'auraient jamais réussi à explorer le Nouveau Monde n'eut été de la viande fraîche de la tortue verte. Au cours des siècles qui vont suivre, l'île de l'Ascension, une petite île située au milieu de l'Atlantique Sud, deviendra une halte fréquentée par les bateaux qui font la traversée de l'Atlantique. Les tortues vertes viennent du Brésil, à plus de 3 000 kilomètres, pour s'y reproduire. Les bateaux chargeront des tortues vivantes à bord, les entreposant sur le dos pour les immobiliser. On les gardera vivantes pour fournir de la nourriture fraîche pour le reste du voyage. L'île de l'Ascension deviendra un arrêt si fréquenté que, près de l'endroit où les bateaux ont l'habitude de jeter l'ancre, un trou dans un grand rocher servira de boîte aux lettres aux capitaines qui prennent l'habitude d'y laisser des messages à l'intention des navires dont ils ont été séparés en mer.

En arrivant à Hispaniola, Colomb décide de ne pas aller directement à La Navidad, mais de jeter d'abord l'ancre près d'un site qui devrait, selon lui, être un bon endroit pour établir une colonie. Les marins qu'il envoie en éclaireurs reviennent avec des nouvelles troublantes. Ils ont découvert les corps de deux hommes morts depuis un certain temps et qui ne peuvent donc pas être identifiés. Cependant, ils ont des barbes, et les Indiens ne portent pas la barbe.

Colomb décide qu'il serait mieux d'aller à La Navidad pour voir comment se porte le reste de ses hommes. Là, il apprend que son premier poste de commerce a été totalement détruit. Selon les indigènes, les Espagnols avaient formé des bandes qui rôdaient dans l'île à la recherche d'or et de femmes. Ce comportement avait suscité la colère d'un chef, nommé Caonabo, qui avait ordonné qu'ils soient tous tués. Christophe Colomb avait eu tort de croire que tous les indigènes étaient aimables.

Le souvenir de la «colonie perdue de La Navidad» a été relégué dans l'oubli pendant 500 ans. Cependant, en 1986, une équipe d'archéologues du musée d'État de la Floride a entrepris des fouilles à cet endroit. Elle y a trouvé des morceaux de poterie européenne. Elle a également découvert des trous qui pourraient être des puits. Si c'est le cas, ils ont été faits par des gens originaires d'Europe, car les indigènes n'ont jamais creusé de puits.

Dans un trou plus grand, les archéologues ont trouvé une mâchoire de rat et une dent de porc. Ces deux animaux sont d'origine européenne et étaient inconnus dans cette partie du monde avant la venue de Colomb.

Les archéologues trouveront peut-être d'autres traces de cette colonie disparue, mais il est peu probable que l'on sache vraiment ce qui est arrivé à ces colons.

L'une des tâches que devaient accomplir les hommes laissés à La Navidad était de repérer un bon emplacement pour fonder une ville. Cependant, s'ils se sont acquittés de leur mission, ils n'ont laissé aucune trace de leurs recherches. Maintenant, Colomb doit trouver un nouveau site pour établir sa colonie. Il ordonne à la flotte de naviguer vers l'est, le long des côtes d'Hispaniola, à la recherche d'un bon mouillage. Naviguant face aux vents dominants, la flotte est secouée par les lames et continuellement aspergée par les embruns. Le 2 janvier 1494, ils jettent enfin l'ancre dans un endroit qui n'est pas idéal, mais une bonne partie des animaux sont morts et l'équipage, de même que les passagers, ont besoin d'eau fraîche. Plusieurs centaines d'hommes sont malades et les réserves d'aliments diminuent. Bientôt, ils n'auront plus suffisamment de provisions pour le voyage de retour. Colomb est préoccupé par le temps qu'il a perdu et par le fait qu'il n'a pas autre chose à rapporter que la découverte de nouvelles îles. Il réalise qu'il doit accoster et se mettre au travail. Il décide de construire son poste de traite là où il vient de débarquer et le nomme Isabella, en l'honneur de la reine d'Espagne.

Pendant que les colons et quelques marins se mettent au travail, abattant des arbres et creusant un canal pour amener l'eau de la rivière la plus proche, Colomb met sur pied une expédition pour trouver la mine d'or qui est sensée se trouver au centre de l'île. Cette équipe trouve de l'or dans la grande vallée, au centre d'Hispaniola, et en rapporte une quantité considérable, y compris trois énormes pépites.

Colomb regarde ces pépites et craint que ce ne soit trop peu à envoyer au roi et à la reine après quatre mois de voyage, mais il décide qu'elles devront faire l'affaire. Il ordonne à douze de ses dix-sept navires de retourner en Espagne, sous le commandement du capitaine Antonio de Torres. En plus d'un rapport verbal sur ses activités, que Torres devra transmettre au roi et à la reine (Colomb devant rédiger un rapport complet à son retour), l'Amiral envoie l'or, soixante perroquets, vingt-six Indiens, des épices qui, prétend-il, sont de la cannelle et du poivre Malayan, de même qu'un échantillon de ce qu'il appelle du bois de santal.

Torres devra expliquer au couple royal que des problèmes de santé et le mauvais temps ont retardé l'expédition et leur demander d'envoyer le plus de nourriture possible, de même que des graines, des plants, des vêtements, des armes et des animaux. Il devra montrer au roi et à la reine les Caribes qu'ils ont capturés et leur reparler de l'idée qu'avait déjà avancée Colomb dans le rapport de son premier voyage : l'esclavage. Ce pourrait être une bonne idée d'engager des hommes pour faire des razzias dans les îles afin de capturer des esclaves pour l'exportation. Ce serait là une bonne occasion de faire de l'argent, puisque le trafic des esclaves dans d'autres colonies s'était déjà avéré hautement rentable.

Torres et sa flotte de douze bateaux prennent le départ pour l'Espagne au début de février et font la traversée en vingt-cinq jours exactement. Le capitaine se rend immédiatement à la cour pour offrir ses marchandises et faire son rapport. Ferdinand et Isabelle consentent à envoyer la nourriture, les graines, les armes et les autres choses réclamées par Colomb. Ils disent à Torres qu'ils ne peuvent pas prendre de décision quant au commerce des esclaves avant d'avoir plus d'informations.

Pendant l'absence de Torres, Colomb confie la responsabilité d'Isabella à son frère Diego, puis il part explorer Cuba avec les bateaux qui restent, lui-même à bord de la *Niña*. À ce moment, il avait déjà réalisé qu'Hispaniola n'était pas le Japon. Maintenant, il voulait savoir si Cuba faisait ou non partie du continent asiatique.

La flottille prend le départ le 24 avril et arrive à Cuba environ cinq jours plus tard. Colomb décide de faire voile vers le sud le long de la côte de Cuba, car il croit en la théorie du Grec Aristote qui prétend que plus on va au sud, plus on trouve de grandes quantités d'or. Tout le long du chemin, ils rencontrent des Indiens affables qui les nourrissent et font des échanges avec eux. Ils découvrent également d'autres îles, comme celle que Colomb nomme Santa Gloria, que nous appelons maintenant la Jamaïque. Colomb s'émerveille continuellement devant la beauté de ces îles, insistant surtout sur le parfum des fleurs et le chant des oiseaux. Lui et ses hommes voient leur premier flamant rose lors de cette expédition.

Mais Colomb cherche en vain les indices qui lui confirmeraient qu'il est en Chine. Il ne voit ni Chinois ni rien de similaire à ce qu'avait décrit Marco Polo, comme les grands palais de pierre ou les jonques chinoises (bateaux aux voiles de bambou). Après des semaines de navigation le long des côtes de Cuba, les bateaux ont besoin de réparations et les hommes commencent à grogner. Aussi Colomb décide-t-il de ne pas continuer son exploration. Il conclut plutôt que Cuba doit faire partie du continent puisqu'ils ont longé les côtes assez loin pour s'assurer que ce n'est pas une île. Pour appuyer sa décision, il demande à la majorité de ses hommes de jurer qu'ils sont d'accord avec lui. À ce stade du voyage, les hommes ont envie de rentrer chez eux et sont prêts à jurer d'à peu près n'importe quoi. Cependant, en privé, plusieurs ne sont pas convaincus.

La flottille se dirige ensuite vers Isabella, avançant lentement contre les vents dominants de la haute mer. À cause du manque de nourriture, de sommeil et du fait d'être continuellement trempé par les embruns, l'Amiral tombe malade. Inquiété par ses nombreuses responsabilités et surtout à cause du fait qu'il ne pouvait pas prouver qu'il avait atteint la Chine, il se peut qu'il ait souffert de dépression nerveuse. Quand ils atteignent enfin Isabella, ses hommes doivent le transporter sur la terre ferme.

Son frère Bartolomé l'attend à Isabella et Colomb est ravi de le voir. Les deux hommes ne s'étaient pas vus depuis six ans. Bartolomé n'avait jamais reçu la lettre que Colomb lui avait fait parvenir après son premier voyage. Il avait eu vent de ses succès par les rumeurs circulant dans le réseau des marins. Il s'était rendu en Espagne uniquement pour apprendre que Colomb était déjà parti pour son second voyage. Cependant, il avait rendu visite à Ferdinand et Isabelle qui lui avaient confié la flotte qui devait apporter la nourriture et les provisions à Isabella.

Malheureusement, une fois arrivée à Isabella, la flotte de Bartolomé avait été volée. Un groupe de rebelles espagnols menés par Fray Buil, le prêtre qui devait se charger de convertir les indigènes, s'était emparé des trois navires et était retourné en Espagne. Ce n'était là qu'une partie des problèmes qui attendaient Colomb à Isabella. La situation là-bas n'avait pas pris la tournure qu'il avait escomptée. Les marins et les colons étaient entrés en conflit avec les indigènes, en avaient réduit quelques-uns en esclavage et avaient volé tout l'or qu'ils avaient pu trouver.

Diego, le jeune frère de Christophe Colomb, avait été incapable de les contrôler. Une partie du problème venait du fait que les colons espagnols refusaient de se faire donner des ordres par un Italien.

Quelques semaines plus tard, le capitaine Antonio de Torres arrive à Isabella avec quatre caravelles pleines de provisions pour la colonie. Il a également une lettre pour Colomb de la part du roi et de la reine. Dans cette lettre, ils lui demandent de laisser Isabella sous la responsabilité d'un de ses frères et de retourner en Espagne pour les aider à négocier avec les Portugais la propriété des îles nouvellement découvertes.

Mais Colomb ne retourne pas en Espagne. Peut-être est-il trop malade pour voyager ou est-ce à cause de l'ouragan qui frappe l'île et coule les quatre bateaux d'approvisionnement récemment arrivés. Les autres navires sont durement endommagés, y compris la *Niña* qui doit être réparée. Il est également possible que Colomb ait décidé qu'il était préférable de reprendre d'abord le contrôle de la colonie. Il réalise que Fray Buil et ceux qui sont retournés en Espagne sur les navires de Bartolomé vont le critiquer devant le couple royal et faire courir le bruit que son frère et lui sont incapables de diriger la colonie. Ce qu'il ignore c'est qu'ils vont également dire que l'or qu'il a trouvé à Hispaniola est faux, ce qui est un mensonge.

Par contre, il sait que ses hommes n'ont pas ramassé assez d'or, et il tient à en rapporter le plus possible afin de faire taire ses critiques. S'il ne peut pas envoyer de l'or, il enverra quelque chose d'autre qui en vaille la peine.

Toujours convaincu qu'un commerce d'esclaves à partir d'Hispaniola rapporterait beaucoup, il ordonne à ses hommes de rassembler le plus grand nombre d'Indiens possible. La tâche n'est pas trop difficile, compte tenu des armes qu'ils ont reçues d'Espagne, des piètres moyens de défense des Indiens et de leur esprit peu combatif. Vers la fin de février 1495, au moment où Torres est prêt à retourner en Espagne avec ses quatre bateaux, plus de 1 500 esclaves ont été rassemblés. Les bateaux de Torres ne peuvent en embarquer que 500. Colomb offre alors les autres aux marins et aux colons et, une fois leur choix fait, Colomb relâche ceux qui restent. Plusieurs réussissent à s'échapper, dont un *cacique* nommé Guatiguana, qui s'est débrouillé pour ronger ses liens.

Une fois Torres parti, Colomb consacre ses énergies à rassembler encore plus d'esclaves. La seule façon dont les Indiens peuvent échapper à l'esclavage, c'est en apportant de l'or. Une fois qu'ils ont remis tous leurs bijoux en or, on les oblige à prospecter le fond sablonneux des rivières.

Pendant ce temps, Guatiguana, le *cacique* qui avait échappé à l'esclavage, ne pense qu'à prendre sa revanche. Il essaie d'abord d'unifier les Indiens d'Hispaniola. Incapable d'y parvenir, il forme alors une armée pour marcher sur Isabella. Informés du plan d'attaque de Guatiguana, Colomb, Bartolomé et leurs hommes attaquent l'armée d'Indiens. Grâce à leurs armes plus sophistiquées et à leurs chevaux, ils gagnent facilement cette bataille. Colomb décide alors de construire des forteresses sur l'île et utilise des esclaves pour faire le travail.

Pendant ce temps, Torres arrive en Espagne. Deux cents des 500 esclaves sont morts en mer, la moitié de ceux qui restent sont malades quand ils arrivent au port et la plupart mourront peu de temps après. Les Espagnols ne sont pas impressionnés par les esclaves d'Hispaniola.

À ce moment, Ferdinand et Isabelle commencent à se demander s'ils n'ont pas trop fait confiance à Christophe Colomb. Ils décident de faire enquête sur les accusations portées par Fray Buil et d'autres. Ils ordonnent à Juan Aguado, un colon qui était revenu en Espagne avec Torres, de retourner à Isabella afin de savoir ce qui s'y passe réellement. Il commande une flottille de quatre bateaux d'approvisionnement et arrive à Isabella en octobre 1495.

Il y trouve une colonie réduite à 630 Espagnols. Des 1 200 colons du départ, plusieurs sont morts ou retournés en Espagne. Ils ne se sont pas embarrassés de faire des cultures puisqu'ils n'avaient pas vraiment l'intention de rester. Ils avaient accepté d'être colons parce qu'ils croyaient faire fortune et trouver de l'or. Ils sont profondément déçus et ne perdent pas de temps pour faire savoir à Aguado quels sont leurs sentiments.

Colomb se rend alors compte qu'il serait plus sage de retourner en Espagne pour donner sa version des faits. Il nomme Bartolomé commandant de la colonie en son absence et lui ordonne d'abandonner Isabella et de construire un nouveau poste sur la côte sud d'Hispaniola. Le 10 mars 1496, il lève les voiles en direction de l'Espagne. Il voyage sur la *Niña*, accompagné d'un seul autre navire, la *India*, qui a été construit à Isabella à partir des pièces de deux des dix-sept bateaux de la flotte originale détruite par les ouragans. Plusieurs colons insistent pour revenir avec lui. Il embarque également trente Indiens. Les bateaux sont surpeuplés.

Naviguant contre de forts vents contraires, les deux navires mettent pratiquement quatre semaines à rallier la Guadeloupe. Là, Colomb envoie une mission à terre pour ramasser des provisions. Les hommes sont attaqués par un groupe de femmes caribes armées, mais ils réussissent à les battre et capturent une femme et sa fille. Colomb décide de les ramener en Espagne avec lui.

Ils avancent lentement. Les provisions baissent. Il y a trop de monde à bord. L'eau est rationnée. Certains proposent de manger les

Indiens, en commençant par les Caribes qui sont eux-mêmes cannibales. D'autres suggèrent de jeter tous les esclaves par-dessus bord, pour éviter d'avoir à les nourrir. Colomb s'objecte à chacune de ces idées.

Heureusement, après un voyage de six semaines, ils atteignent les côtes du Portugal et sont en mesure de se réapprovisionner. Ils reprennent leur route jusqu'à Cadix, en Espagne, là même où Colomb avait entrepris triomphalement son second voyage, il y a bientôt trois ans.

7
COLOMB DÉCOUVRE UN NOUVEAU CONTINENT

Christophe Colomb croyait que tout ce qui lui arrivait relevait de la volonté divine, aussi s'imagine-t-il que ses difficultés sont autant de signes que le Seigneur est mécontent de lui. Il ne sait pas au juste ce qu'il a pu faire pour déplaire au Seigneur, mais il se livre à un long et profond examen de conscience. Il ne lui serait jamais venu à l'esprit qu'il est répréhensible de réduire les Indiens en esclavage, puisque l'esclavage est largement pratiqué en Europe, en Afrique et même en Asie. Il est convaincu que les indigènes d'Hispaniola et des autres îles sont païens, et que le Dieu des Chrétiens ne s'en soucie guère.

Il était convaincu d'avoir commis une quelconque faute qui déplaisait au Seigneur.

Peut-être avait-il commis un péché d'orgueil en se montrant trop arrogant à la suite des succès de son premier voyage? Quoi qu'il en soit, il décide de faire preuve d'humilité afin de prouver au Seigneur qu'il regrette le ou les péchés qu'il a pu commettre. Il commence donc à se vêtir d'une robe de bure, comme celles des moines, et c'est le seul vêtement qu'il portera jusqu'à la fin de ses jours. Pendant qu'il attend sa convocation à la cour, il refuse toutes les invitations que lui font les riches à venir chez eux. Il cherche plutôt refuge dans les monastères. Il se rend souvent à l'église et fait ses prières plusieurs fois par jour.

Toutefois, quand arrive l'invitation royale, il décide de former un autre grand cortège pour impressionner le roi et la reine. Comme la fois précédente, il ordonne aux Indiens qui ont survécu au voyage de se coiffer de leurs plumes, de mettre leurs bijoux en or et de porter des cages contenant des perroquets multicolores. Une fois de plus, les foules se massent pour regarder passer le cortège.

Ferdinand et Isabelle sont alors à Valladolid, en compagnie des deux fils de Colomb, Fernando et Diego, qui ont été sélectionnés pour servir de pages à la reine. Le couple royal reçoit Colomb de manière amicale et est agréablement surpris par les grosses pépites d'or qu'il leur rapporte. En d'autres circonstances, ils auraient pu se montrer moins amicaux. Fray Buil et ses compagnons avaient dénigré Colomb. Les souverains étaient franchement déçus qu'il ait échoué dans sa mission de fonder une ville, de même que par la faible quantité d'or qu'il avait envoyée. Ils avaient décidé que le commerce des esclaves n'en valait pas le coup, puisque ceux-ci continuaient de mourir. Ils sont cependant disposés à pardonner à Colomb s'il accepte de les aider à appuyer le bien-fondé des revendications de la couronne d'Espagne sur les territoires qu'il a découverts. À ce moment, ils craignent que le Portugal n'essaie de réclamer ces terres.

À cette époque, le roi Jean II du Portugal est mort, mais sa passion pour l'exploration et le commerce lui a survécu. Avant sa mort, il avait affirmé qu'il y avait, au-delà de la mer Océane, un monde totalement inconnu. Il appuyait ses dires sur les travaux de géographes et de mathématiciens français et espagnols. Ces hommes croyaient qu'il y avait un ordre dans le monde. À l'Europe correspondait l'Asie. Logiquement, l'Afrique devait avoir sa contrepartie dans une quatrième partie du monde. Il devait donc exister un autre continent quelque part à l'ouest, sous l'équateur. Ils nommaient ce continent ou quatrième partie du monde «antipodes», c'est-à-dire côté diamétralement opposé de la Terre.

Le roi Jean II du Portugal avait souhaité envoyer une expédition pour découvrir les Antipodes. Son successeur, Manuel 1er le Grand et le Fortuné, comptait réaliser ce projet. Il avait donné l'ordre à un marin expert, nommé Vasco de Gama, de commander une expédition de l'autre côté de l'océan. En apprenant la préparation de ce voyage d'exploration, Ferdinand et Isabelle décident qu'ils se doivent d'accorder leur support à Christophe Colomb et à la colonie qu'il veut fonder. De son côté, Colomb croit également qu'il y a un continent au sud des Antilles. Il a entendu les Indiens en parler et il veut, à tout prix, découvrir ce continent.

Malheureusement, à l'époque, le couple royal est à court de liquidités et deux années s'écoulent avant que Colomb ne puisse organiser son expédition. Il demande cinq navires chargés de provisions, plus trois autres qui lui serviront personnellement dans sa mission d'exploration. On lui accorde les huit navires qu'il réclame. Les bateaux de ravitaillement sont placés sous le commandement de Alonso de Carvajal, qui avait commandé l'un des navires lors du second voyage. Ces vaisseaux doivent se rendre directement à Hispaniola.

Parmi les trois navires de Colomb, il y a le bateau-amiral, *La Nao* (ce qui veut dire Le Bateau). Les deux autres sont la *Correo* et la *Vaquenos*. La fidèle *Niña* est affrétée comme navire de ravitaillement.

Récemment, une découverte excitante a été faite concernant la *Niña*. Le docteur Eugène Lyon, de l'Université de Floride, a découvert des documents décrivant le bateau favori de Colomb et sa préparation pour son troisième voyage sous son commandement.

Dans le cadre d'une recherche sur la marine espagnole du XVe siècle, le docteur Lyon était à Séville, en Espagne, et consultait d'anciens documents aux Archives des Indes quand il a mis la main sur un dossier ayant pour titre *Libro de Armadas,* le Livre des Flottes. Au milieu de ce tas de paperasse se trouvait un reçu, écrit de la main d'un homme nommé Pedro Frances, concernant un bateau qui devait faire voile vers Hispaniola en 1498. Le nom du navire était la *Niña.*

Quelle ne fut pas la surprise du docteur Lyon de constater qu'il s'agissait de la même *Niña,* la caravelle préférée de Colomb! Ces documents racontaient l'histoire de la *Niña,* y compris ses deux voyages avec Colomb. Ils contenaient plus encore. En 1497, sans la permission de Colomb,la *Niña* avait fait un voyage de commerce à Rome. À son retour en Espagne, elle avait été prise par un pirate français au large des côtes de la Sardaigne. Ce pirate l'avait dépouillée de son artillerie. L'équipage avait réussi à s'échapper et à regagner l'Espagne, et Colomb s'était débrouillé pour la récupérer.

Les documents décrivent en détail comment la *Niña* était gréée et équipée. Elle avait de nouvelles voiles, une nouvelle ancre de 90kg et un nouveau bordage. Les maîtres-calfats avaient travaillé durant quarante jours à refaire le pont et la coque. Elle était complètement armée : dix canons, quatre-vingts boulets de plomb et 45 kg de poudre à canon. Les armes individuelles pour les soldats comprenaient cinquante-quatre lances courtes et vingt longues. Voici une liste des provisions qu'on avait chargées à son bord : dix-huit tonnes de blé, dix-sept tonnes de vin dans des barriques, sept tonnes de biscuits de mer, deux tonnes de farine, plus d'une tonne de fromage, une tonne de porc salé et des barils d'huile d'olive, d'ail, de sardines et de raisins.

La *Niña* et la *Santa Cruz*, un autre bateau d'approvisionnement, transportaient également, à elles deux, quatre-vingt-dix colons, parmi lesquels dix-huit fermiers, cinquante arbalétriers, un prêtre, un serrurier, un orpailleur et un chirurgien. Le nombre d'arbalétriers, comparé à celui des fermiers, indique que Colomb était conscient qu'il avait plus besoin de guerriers que de fermiers pour mater le nouveau territoire. La fonction du serrurier était d'interdire l'accès à toute personne non autorisée aux provisions et à l'or. Il avait peut-être également comme fonction de fabriquer des cachots pour garder les prisonniers indiens sous les verrous. L'orpailleur devait enseigner aux esclaves Indiens comment extraire l'or du fond des rivières. Le prêtre devait probablement exercer son ministère tant auprès de l'équipage, qui avait bien besoin de l'aide divine, qu'auprès des Indiens qu'il avait comme mission de convertir. Quant au chirurgien, il était l'un des hommes les plus importants à bord, compte tenu de toutes les maladies qui affectaient les Européens dans ces nouvelles terres.

La *Niña* et la *Santa Cruz* comptaient également quatre femmes à leur bord, dont deux étaient des gitanes. Elles se nommaient Catalina et Maria. Condamnées pour meurtre, elles avaient été libérées par le roi et la reine après avoir promis de se rendre à Hispaniola. Parmi les colons, beaucoup étaient des criminels. À cette époque, peu d'Espagnols avaient intérêt à s'embarquer pour Hispaniola, sinon pour échapper à la prison. Si Colomb envoyait des femmes à la colonie, c'était pour fonder des familles ce qui, croyait-il, aurait pour effet de rendre l'établissement permanent.

Les deux bateaux lèvent l'ancre pour Hispaniola en janvier 1498. Les trois navires de Colomb, ainsi que les trois autres navires d'approvisionnement, ne partiront pas avant la dernière semaine de mai. C'est cette même semaine que Vasco de Gama, battant pavillon portugais, arrive en Inde.

La flotte s'arrête à l'île de Grande Canarie où elle charge le fromage. De là, les trois bateaux d'approvisionnement se dirigent sur Hispaniola. Colomb, lui, allait prendre un cap différent, plus au sud. Il comptait se diriger plus bas, à la hauteur de ce qu'il croyait être la latitude de la Sierra Leone, en Afrique. On avait trouvé de l'or là-bas et, selon la théorie de l'équilibre du monde, s'il faisait voile vers l'ouest, il devrait trouver de l'or à la même latitude, du côté opposé de la planète. Il fait un arrêt aux îles du cap Vert où il compte s'approvisionner en bétail. Mais la chaleur est si intense que de nombreux hommes d'équipage tombent malades. Colomb doit également éprouver quelques difficultés à négocier le bétail puisqu'il repart sans en prendre à son bord.

Le 7 juillet, il reprend son chemin en mettant cette fois son voyage sous la protection de la Sainte-Trinité. Une semaine plus tard, les vents se réduisent à une faible brise. La flottille a atteint la zone de calme plat, cette région marine près de l'équateur, où le vent souffle à peine.

Même aujourd'hui, les marins craignent la zone de calme plat. Colomb et ses marins, qui n'en avaient jamais fait l'expérience auparavant, ont dû en être inquiétés. Jamais ils n'avaient passé toute une journée sans qu'il y ait au moins un peu de vent. Maintenant, pendant des jours d'affilée, il n'y a rien, sinon un léger souffle. Les bateaux dérivent et se rapprochent de l'équateur où la chaleur se fait de plus en plus oppressante. Personne ne peut supporter d'être dans l'entrepont, car c'est là que la chaleur est la plus intense. Cependant, quand ils sont sur le pont, le soleil plombe comme un chalumeau. On se bat pour la moindre place à l'ombre. La nuit, personne ne quitte le pont, puisque c'est le seul endroit où la faible brise, qui souffle de temps à autre, offre un peu de répit.

Le cuisinier, quant à lui, n'a pas à s'inquiéter de sa grande marmite de cuivre, suspendue au-dessus du feu dans un carré de sable. Le vent et les fortes vagues ne risquent pas de la renverser. Mais il fait trop chaud pour manger et l'eau douce qu'on avait embarquée au dernier port commence à grouiller de petites créatures qui prolifèrent à l'humidité et à la chaleur. Les nerfs sont à fleur de peau et des bagarres éclatent. C'est un moment dangereux.

Juan de la Cosa, le cartographe, profite probablement de ce répit pour travailler sur ses cartes. Colomb, à l'aide de ses instruments de navigation primitifs, prend le temps de mesurer soigneusement à quelle latitude sont les navires. Au moins, il peut apercevoir l'étoile Polaire sans s'inquiéter du roulis ou du tangage. Il calcule qu'il est exactement à cinq degrés au nord de l'équateur. En fait, il est à plus de neuf degrés au-dessus.

Finalement, le 22 juillet 1498, un vent du sud-est se lève enfin. Les voiles des trois bateaux se gonflent et ils se mettent à avancer. Tout le monde à bord se réjouit de la fin de ce long intermède où ils ont dérivé au hasard.

Durant les neuf jours qui suivent, les navires maintiennent une bonne allure sous les vents dominants. Le soleil brille dans un ciel d'azur où flottent de légers nuages blancs. La nuit venue, les marins émerveillés découvrent pour la

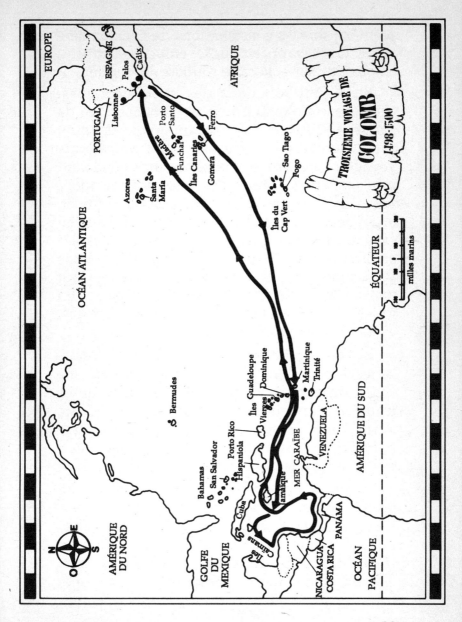

93

première fois les constellations de l'hémisphère sud. Il faut se rappeler que les étoiles constituent, en quelque sorte, la carte routière des marins.

Bien qu'il soit dans des eaux inconnues, Christophe Colomb a une assez bonne idée de l'endroit où il se trouve par rapport aux îles qu'il a découvertes lors de ses deux précédents voyages. Vers la fin de juillet, il estime qu'ils sont près des Petites Antilles. Les réserves d'eau douce touchent à leur fin, aussi, au matin du 31 juillet, ordonne-t-il de mettre le cap au nord-est, en espérant toucher la Dominique ou une des îles environnantes. Vers midi, la vigie, de son poste au sommet du grand mât, signale la terre. C'est une nouvelle île hérissée de trois collines. En guise de remerciement à la Sainte-Trinité, Colomb la baptise Trinidad.

Les navires longent la côte sud de Trinidad à la recherche d'une baie où se déverserait une rivière où on pourrait puiser de l'eau. Celle qu'ils trouvent s'appelle maintenant Erin Bay. Juste avant d'entrer dans la baie, Colomb aperçoit une autre île à l'horizon. Il ne le sait pas encore, mais c'est son premier regard sur l'Amérique du Sud.

Après avoir fait le plein d'eau douce et laissé le temps à ses marins de se baigner, l'Amiral décide qu'il doit trouver une anse mieux abritée. Les bateaux continuent à longer la côte de l'île jusqu'à ce qu'ils en trouvent une. Colomb donne alors l'ordre de jeter l'ancre et tous descendent à terre pour prendre quelques jours de repos bien mérités.

Pendant que tout le monde va à la pêche et nage, Colomb espère trouver des indices qui lui confirmeraient qu'il est près de la Chine. Il est très déçu quand il constate que les indigènes sont très semblables aux Lucayans et aux Caribes.

Quelques jours plus tard, l'Amiral décide de lever l'ancre pour explorer la terre qu'il a aperçue plus au nord. Soudainement, une énorme lame de fond s'abat sur eux. La vague soulève la *Vaquenos*, brise la chaîne de l'ancre, projette le navire en l'air et le laisse retomber dans la dépression qui suit la vague dans son sillage. C'est une expérience effarante. Cette énorme vague avait probablement été provoquée par l'éruption d'un volcan sur le continent.

Après avoir repris leur sang-froid et réparé la chaîne de l'ancre, la flottille continue son voyage vers le nord. Elle traverse ce que nous appelons aujourd'hui le golfe de Paria et s'arrête au large de la péninsule de Paria, que Colomb prend pour une île. Ils commencent à explorer la côte et, le dimanche 5 août, ils jettent l'ancre et se rendent à terre près d'un village de huttes aux toits de palmes. Pour la première fois, Christophe Colomb et ses hommes mettent le pied sur le sol de l'Amérique du Sud.

Deux jours plus tard, un groupe d'indigènes apparaît. Ils disent aux Espagnols que l'endroit s'appelle Paria. Colomb est resté à bord parce qu'il a mal aux yeux, probablement pour avoir trop longtemps scruté l'horizon. Il envoie son plus vieux capitaine, Pedro de Terreros, planter le drapeau espagnol sur cette nouvelle conquête de l'Espagne. Les indigènes assistent à la scène, mais n'ont pas la moindre idée de ce que font les Espagnols.

En échange contre de la verroterie, du sucre et des grelots, les indigènes leur offrent des fruits frais et une boisson fermentée, semblable à de la bière. Ils portent de grands disques de métal poli faits d'un alliage de cuivre et d'or. Ils trouvent l'or sur place, mais doivent importer le cuivre d'Amérique centrale. Aussi, des deux métaux, est-ce le cuivre qui a le plus de valeur à leurs yeux. C'est avec plaisir qu'ils échangent leurs parures d'or et de cuivre contre des gamelles de cuivre et de laiton que leur proposent les Espagnols.

Ailleurs sur la côte, Colomb trouve des femmes qui portent des colliers de perles. Elles sont ravies de les échanger contre de la verroterie et des grelots. Colomb leur propose d'en rassembler le plus possible en prévision de sa prochaine visite. L'ont-elles fait? On l'ignore, mais on sait que Colomb ne reviendra jamais à cet endroit.

Toujours convaincu qu'il explore une île, Colomb continue d'en chercher la pointe afin de trouver un passage vers la mer. Le 11 août, n'ayant toujours rien trouvé, il fait demi-tour et se dirige à l'est, vers le golfe de Paria, puis de là, il débouche sur la mer des Caraïbes. À la sortie, la vigie signale une autre île. C'est le jour de la fête de l'Assomption, aussi Colomb baptise-t-il cette nouvelle terre Asunción.

Cette nuit-là, en écrivant dans son journal, il apparaît évident pour Christophe Colomb que Paria n'est pas une île. Le fleuve était si important qu'il était plus logique qu'il appartienne à un continent plutôt qu'à une île. De plus, la mer d'eau douce qu'ils avaient trouvée était une découverte peu vraisemblable autour d'une île. Il se rappelle que les Indiens caribes parlaient d'un continent au sud de leurs îles, une terre où il y avait beaucoup d'or. Il y a également ces auteurs qui soupçonnent l'existence d'un autre continent. Un érudit, un catholique romain nommé Esdras, qui avait traduit les deux premiers livres de la Bible en anglais, avait écrit que le monde se divisait en sept parties. Un septième serait formé d'eau, six septièmes de terre ferme. Cette nuit-là, tous ces indices et ces fragments de théories se mettent en place dans la tête de Colomb.

> «Je crois, écrit-il, qu'il s'agit là d'un très grand continent inconnu jusqu'à nos jours. Et s'il s'agit d'un continent, c'est une merveille, et les sages seront d'accord avec moi, puisqu'il y coule un fleuve si grand qu'il forme une mer d'eau douce de quarante-huit lieues.»

Le lendemain, une autre île est en vue. Colomb la nomme Margarita et, aujourd'hui, elle porte toujours ce nom. S'il avait pris le temps d'explorer Margarita, il y aurait trouvé plus de perles qu'il ne pouvait l'imaginer. Ferdinand et Isabelle en auraient été aussi satisfaits que de l'or. Mais, à ce moment, Colomb est préoccupé par ce qui se passe dans sa colonie. Il a l'impression qu'il ne peut s'attarder plus longtemps dans son exploration.

Dans son journal, l'Amiral écrit comme s'il s'adressait au roi et à la reine et il ajoute, à propos de ce nouveau continent :

> «Ce serait un grand avantage pour l'Espagne de tirer profit de cette découverte; vos Majestés ne pourraient trouver mieux pour assurer leur postérité... Et vos Majestés s'enrichiraient de ces vastes terres qui forment un Autre Monde, où la chrétienté aura un très grand agrément et où, dans les siècles à venir, notre foi connaîtra un essor formidable.»

Colomb décrit ces nouvelles terres comme un *otro mundo* ou un Autre Monde. Plus il y pense, plus son imagination s'emballe. Quelques jours plus tard, il parle du nouveau continent comme du Jardin de l'Éden. Il fonde son idée sur le fait que, dans la Bible, le Jardin de l'Éden est décrit comme étant à l'est, de même que sur la théorie de plusieurs auteurs qu'il s'agit du point le plus éloigné de l'Extrême-Orient.

Il a bien envie d'explorer davantage, mais il

doit se rendre à Santo Domingo, la nouvelle ville d'Hispaniola. Il trace sur la carte une route nord-nord-ouest qui, calcule-t-il, devrait le mener à l'île de Saona d'Hispaniola. Il oublie cependant de prendre en considération les forts courants équatoriaux qui vont le pousser vers l'ouest, et il aboutit sur l'île de Alta Vela, à environ 120 milles au sud-ouest de Santo Domingo. Le fait d'avoir mal calculé sa route le contrarie beaucoup, mais il a désormais une meilleure connaissance des courants.

Le 21 août, les navires de Colomb sont ancrés devant l'île de Beata quand ils aperçoivent une étrange embarcation. Elle s'avère être commandée par Bartolomé Colomb, qui a déménagé la colonie de Isabella à Santo Domingo. Bartolomé est à la recherche des navires de ravitaillement. Cette flotte, sous le commandement de Carvajal, avait réussi à rater Santo Domingo. Du rivage, les colons avaient aperçu les navires et Bartolomé était parti à leur recherche. Christophe et Bartolomé sont ravis de se retrouver et c'est ensemble qu'ils se dirigent vers Hispaniola.

8
CHRISTOPHE COLOMB
ENCHAÎNÉ

Santo Domingo, aujourd'hui capitale de la République Dominicaine, n'était qu'un simple petit village de maisons de palmes. Mais il avait déjà une allure permanente que n'avait jamais eue Isabella. La colonie était localisée à l'embouchure d'une rivière, aussi n'avait-il pas été nécessaire de creuser un canal. Mais les colons de Santo Domingo avaient éprouvé sensiblement les mêmes difficultés que ceux d'Isabella.

On apprend à Colomb qu'il y a eu une autre rébellion, menée cette fois par Francisco Roldán, qu'il avait été nommé ministre de la justice d'Hispaniola. Roldán, un Espagnol, n'appréciait pas d'être sous l'autorité des Italiens. Il s'était allié avec Guarionex, le *cacique* de Maguana, et d'autres indigènes dans une tentative de prendre le contrôle de la colonie. Quand Bartolomé avait lancé ses troupes contre lui, Roldán et environ soixante-dix hommes armés avaient retraité au sud-ouest de l'île, dans une région appelée Xaragua.

La chance était avec Bartolomé, puisque Xaragua est l'endroit où Carvajal et ses trois navires d'approvisionnement ont accosté. Le capitaine réussit à sauver ses bateaux et ses provisions, mais certains de ses passagers lui échappent. Un certain nombre d'hommes quittent les navires et se joignent aux rebelles, venant grossir leurs forces. Grâce à ce renfort, Roldán réussit à s'emparer de La Vega, une forteresse située au centre de l'île.

Colomb et ses frères n'ont pas assez d'hommes en bonne santé pour reprendre la forteresse. Beaucoup de colons ont souffert du long voyage ou ont contracté des maladies dans les marais infestés de moustiques. Aussi l'Amiral décide-t-il de négocier avec Roldán. Ils mettent pratiquement une année avant d'en venir à un accord. Roldán sort vainqueur de l'affrontement. On laisse tomber toute poursuite contre lui ou ses partisans et il reprend sa place à la tête du service de la justice. Ses hommes et lui peuvent, s'ils le veulent, retourner gratuitement en Espagne et emporter tout l'or et les esclaves qu'ils veulent avec eux ; ceux qui désirent rester se voient offrir des terres au Xaragua. Tout ce que Colomb obtient en échange, c'est la paix.

L'accord passé avec Roldán implique également un changement des structures de base de la colonie. Plutôt que d'être un comptoir de traite, Santo Domingo devient un territoire où chaque colon devient propriétaire de sa terre et reçoit en esclaves les indigènes qui y vivent. Chacun sera autorisé à garder l'or qu'il trouvera sur sa terre, à l'exception du pourcentage qui revient à la couronne et à Colomb. Tout le monde à Santo Domingo préfère ce système qui leur donne plus d'autonomie. Ils se sentent plus établis. Même les caciques préfèrent la nouvelle formule. Ils ne sont plus obligés de payer ce tribut en or qu'ils détestent. En conséquence, la colonie devient plus solide. Éventuellement, ce système sera utilisé par les Espagnols dans la plupart de leurs colonies en Amérique.

À l'été de 1498, Colomb renvoie deux de ses trois navires en Espagne ; il reste à l'arrière avec la *Vaquenos*. La principale mission de *La Nao* et de la *Correo* est de remettre le rapport de Colomb au couple royal. Les navires arrivent en Espagne à l'automne de 1498. Un marin du nom de Alonso de Ojeda, qui avait fait partie de la deuxième expédition de Colomb, réussit à mettre la main sur son journal et ses cartes marines. Il est excité de lire ce que racontent ces documents à propos des perles de Paria et il demande à Ferdinand et Isabelle une licence pour faire un voyage à son compte, afin de chercher des perles.

Juan de la Cosa, le cartographe de Colomb lors des deux voyages précédents, accompagne Ojeda. Un jeune homme originaire de Florence, en Italie, fera également partie du voyage. Il s'appelle Amerigo Vespucci et, à l'époque, il vit à Séville, en Espagne.

Ojeda quitte l'Espagne au début de 1499 et vogue vers l'ouest, en suivant la route qu'avait prise Colomb lors de son troisième voyage. Il atteint Paria et met la main sur une grande quantité de perles. Il découvre également les îles de Aruba et de Curaçao. Il trouve un golfe que les indigènes appellent Maracaïbo. À cet endroit, les indigènes construisent leurs huttes sur des poteaux, ou pilotis, ce qui, pour Ojeda, évoque la ville de Venise, en Italie, où les maisons sont également construites au-dessus de l'eau. Il baptise Maracaïbo «Venezuela», ce qui veut dire petite Venise.

Ojeda n'est pas le seul à profiter des découvertes de Colomb. D'autres capitaines entreprennent des voyages pour chercher des perles. Parmi eux, Peralonso Nino qui avait été le pilote de la *Santa María*, ainsi que Vicente Yanez Pinzón, l'ancien capitaine de la *Niña*. Christophe Colomb était sensé être le seigneur de toutes les terres qu'il avait découvertes. Mais, à ce moment, Ferdinand et Isabelle sont plus intéressés à toucher leur pourcentage des trésors qu'à respecter les droits de Colomb. D'autre part, s'ils n'avaient pas autorisé ces voyages, ils savaient que les capitaines et les pilotes seraient partis de toute façon. En agissant ainsi, ils s'assurent au moins de toucher leur part du butin.

La cour d'Espagne recevait de plus en plus de plaintes concernant l'administration de Colomb et de ses frères à Hispaniola. Fernando, le fils de Colomb, qui est toujours page à la cour en compagnie de Diego, son demi-frère aîné, déteste entendre ces remarques. Plus tard, il écrira que les Espagnols qui revenaient d'Hispaniola s'adressaient à eux en disant : «Voilà les fils de l'Amiral des Moustiques, de celui qui a découvert la terre de la vanité et de la désillusion, la ruine et la tombe de la noblesse castillane!» Il est clair que les Espagnols étaient encore amers d'être dirigés par des Italiens.

Avant que ne leur parvienne le rapport dans lequel Colomb annonce qu'il a fait la paix avec Roldán et établi un nouveau système de répartition agraire à Hispaniola, le roi et la reine décident d'envoyer quelqu'un dans la colonie afin de voir ce qui s'y passe. Ils nomment Francisco de Bobadilla à titre de commissaire royal et lui confèrent le pouvoir de faire ce qu'il jugera nécessaire pour régler les choses. Le départ de Bobadilla est retardé pendant plus d'un an. Pendant ce temps, le rapport de Colomb parvient à la cour, mais les souverains ne changent pas d'idée quant à la mission de Bobadilla et, finalement, il fera la traversée.

Bobadilla arrive à Santo Domingo le 23 août

1500 et, à son grand étonnement, il aperçoit les corps de sept Espagnols pendus à des potences. Il y avait eu une autre rébellion que les frères Colomb ont matée avec l'aide de Roldán. Seul Diego Colomb est à Santo Domingo pour expliquer à Bobadilla ce qui s'est passé. L'amiral est à La Vega et Bartolomé, à Xaragua. Bobadilla n'apprécie pas tellement que des Espagnols aient été pendus, en particulier par des Italiens. Il a l'impression qu'on n'a pas respecté les règles de la loi espagnole et que ces hommes n'ont pas eu droit à un procès juste. Il juge donc que la colonie est hors de contrôle.

Le commissaire prend immédiatement la tête de l'administration. Il arrête Diego Colomb et le fait mettre aux fers, ou en prison, sur le navire à bord duquel il vient d'arriver. Ensuite, il envoie un messager à La Vega pour ordonner à Colomb de revenir immédiatement. Pendant ce temps, il met tous les biens et toutes les possessions de Colomb sous scellés. Dans le but de s'attirer le support des colons, il leur accorde le droit de chercher de l'or en toute liberté non seulement sur les terres qui leur ont été assignées, mais où bon leur semble. Ensuite, il les interroge sur les événements qui se sont déroulés à Hispaniola.

Aussitôt que Christophe Colomb reçoit l'ordre de retourner à Santo Domingo, il se prépare à partir. Il sait très bien que des difficultés l'y attendent, mais il ne peut rien y faire. Il est loyal à la couronne d'Espagne et, si l'idée de se rebeller a pu l'effleurer, il l'écarte rapidement. Il n'a pas assez d'hommes dévoués à sa cause pour tenter quoique ce soit.

Aussitôt arrivé à Santo Domingo, on l'enchaîne et on le met en prison. Peu de temps après, quand Bartolomé revient, on lui ménage le même traitement. Il existe des preuves que Bartolomé avait envisagé l'hypothèse d'utiliser la force pour libérer son frère, mais l'Amiral l'en avait dissuadé.

Bientôt, Bobadilla a une quantité impressionnante de témoignages de colons espagnols qui critiquent les frères Colomb, de même que leur administration. Il décide qu'il y a matière à leur intenter un procès. Une affaire aussi grave se réglait toujours dans la métropole, il en allait d'ailleurs ainsi pour toutes les colonies européennes. Christophe et Diego sont mis aux fers et embarqués sur *La Gorda*. Fernando, le fils de Christophe, écrira plus tard que le capitaine de *La Gorda* était en désaccord avec le traitement infligé au célèbre explorateur et qu'il voulait le libérer de ses chaînes. Cependant, écrit Fernando, son père ne le laissera pas faire, affirmant que seuls le roi et la reine avaient le pouvoir d'en décider. Bartolomé, également mis aux fers, est renvoyé en Espagne sur un autre bateau.

Colomb est profondément déprimé par la situation dans laquelle il se retrouve. Il a le sentiment d'avoir fait son possible et même plus pour le roi et la reine. Il a découvert un immense territoire (Autre Monde) et en a pris possession en leur nom. Il a affronté de nombreuses difficultés, y compris des indigènes belliqueux et des marais malsains, pour essayer de fonder une colonie. Il est venu à bout de deux rébellions qui ont menacé la colonie, mais on le traite comme s'il s'était comporté en gouverneur sanguinaire.

La Gorda arrive à Cadix à la fin d'octobre 1500. Colomb, toujours enchaîné et accompagné de son geôlier, logera au monastère de Las Cuevas, à Séville. Les gens se rassemblent sur son passage et, enchaîné et vêtu de sa robe de bure, il doit offrir une image assez misérable. On est bien loin des fiers défilés des années précédentes. Au monastère, Colomb attend l'ordre royal qui doit le convoquer à la cour. Cet ordre met six semaines avant d'arriver. Colomb est soulagé, car, tout d'abord, la convocation ordonne qu'il soit libéré de ses chaînes. N'importe qui d'autre s'en serait probablement débarrassé, mais pas Christophe Colomb. Pour le reste de ses jours, il conservera ces chaînes en souvenir de cette épreuve. L'autre raison pour laquelle il est heureux de recevoir cet ordre, c'est qu'il aura enfin l'occasion de donner sa propre version de l'histoire.

Les trois frères Colomb reçoivent l'ordre de se présenter à la cour en même temps. Les fils de Colomb, Diego et Fernando, sont toujours à la cour, aussi sont-ils tous les cinq rassemblés au même endroit. Malheureusement, ces retrouvailles ne se font pas dans un contexte réjouissant. Diego et Fernando sont peinés de constater à quel point leur père a vieilli et a l'air épuisé. Ils sont également inquiets du sort qu'on lui réserve. Christophe Colomb doit être désolé que ses fils le voient dans cette situation.

Le roi et la reine écoutent ce que Colomb a à dire et semblent le croire. Ils lui promettent de le rétablir dans ses droits et de lui rendre ses privilèges. Mais ils mettent longtemps à passer de la parole aux actes. Pendant ce temps, de nombreux aventuriers, comme Ojeda et Pinzón, s'enrichissent grâce aux perles et aux diverses richesses de l'Autre Monde.

Pendant qu'il attend la sentence officielle de la cour, Colomb rassemble toutes les lettres qu'il a reçues de Ferdinand et Isabelle et fait une liste des promesses qu'ils lui ont faites. Il se sent toujours dans son droit de diriger la totalité du Nouveau Monde. Mais le roi et la reine sont d'un avis différent. Après tout, ils lui ont accordé des droits et des privilèges sur un «monde» qui, croyaient-ils, se résumait à quelques îles. Maintenant qu'ils se rendent compte qu'il s'agit d'un continent tout entier, ils ne sont plus d'accord pour en confier le contrôle à un seul homme, surtout pas à quelqu'un qui a de la difficulté à gouverner une petite île et encore moins à un homme qui n'est pas un Espagnol.

Finalement, en septembre 1501, la sentence royale tombe. On rappelle Bobadilla, mais Colomb ne reprendra pas son poste de gouverneur d'Hispaniola. À sa place, Don Nicolas de Ovando sera nommé gouverneur des îles et du continent des Indes (le couple royal croit encore que le nouveau continent est le continent indien). En février 1502, le nouveau gouverneur part à la tête d'une flotte qui aurait sûrement fait l'envie de Colomb, du temps où il essayait de coloniser Hispaniola. Ovando ne commande pas moins de trente navires, de même que 2 500 marins, soldats et colons.

Colomb reçoit la permission d'envoyer son chargé d'affaire avec Ovando, afin de reprendre possession des biens que lui avait confisqués Bobadilla. Le roi et la reine lui accordent également le droit de conserver ses titres d'Amiral et de vice-roi, même si ces titres ne veulent plus dire grand-chose.

Colomb est alors au début de la cinquantaine et, selon les critères de l'époque, il est vieux. Il souffre sérieusement de l'arthrite et de diverses maladies. Mais il n'a pas envie de prendre sa retraite. Sa plus grande réalisation avait été d'explorer l'Autre Monde et il veut faire un autre voyage. Il demande à Ferdinand et Isabelle quatre navires ainsi que les provisions nécessaires afin de pouvoir faire une quatrième expédition aux Indes. Un mois après le départ d'Ovando, la cour accorde à Christophe Colomb la permission de faire un quatrième voyage d'exploration.

9
DÉBUT DE L'AMBITIEUX VOYAGE

Quand il part pour son quatrième voyage aux Indes, Christophe Colomb est un homme bien différent de celui qu'il était lors de son premier départ. Il est vieux et malade, certes, mais il a une bien meilleure connaissance de la grande mer Océane, qu'il a déjà traversée six fois au total. (Personne en Europe ne savait encore qu'il existait, à l'ouest de ces nouvelles terres qui venaient d'être découvertes, un autre grand océan, le Pacifique. L'océan Indien dont avait parlé Marco Polo dans ses écrits, est, malgré son nom, considéré comme une simple baie et non comme un océan.)

Colomb est également mieux prévenu contre

les coups durs que la vie réserve parfois. Il ne s'attend pas à ce que ce voyage lui rapporte de grands honneurs, des privilèges ou la fortune. Il soupçonne fortement que le roi et la reine ne l'autorisent à faire ce voyage que pour se débarrasser de lui. Ils lui sont reconnaissants d'avoir découvert les Indes, mais ils ont une piètre opinion de sa capacité à gouverner les nouvelles terres ou à enrichir la couronne d'Espagne. Ils ont non seulement remis l'administration de la colonie aux mains de quelqu'un d'autre, mais ils ont même interdit à Colomb d'aller à Santo Domingo, de crainte qu'il n'y ait des étincelles entre lui et Ovando. Ils ont accordé des licences à d'autres capitaines pour chercher des perles et d'autres richesses, et ils n'ont tout simplement pas envie que Colomb se mette à les assaillir de réclamations à propos de ce qu'il estime être son dû. L'Amiral espère retirer de ce voyage le meilleur de ce qu'un explorateur maritime puisse rêver : des vents favorables, un ciel ensoleillé, la mer étale comme une belle nappe bleue et, à un point qu'il pourrait calculer avec précision, une magnifique terre toute neuve qu'aucun Européen n'aurait jamais vue, ou encore faire une découverte qui changerait la manière dont les autres Européens voyageaient vers les nouvelles terres.

Il veut comprendre en quoi ses précédentes découvertes sont liées à l'Asie, car il est encore persuadé qu'il a découvert la côte de l'Asie.

Marco Polo avait parlé d'un détroit, mince passage maritime, où il avait navigué pour passer de la Chine à l'océan Indien. Toujours convaincu que Cuba est la Chine, Christophe Colomb veut trouver ce passage.

Colomb s'embarquait avec Fernando, son plus jeune fils, âgé de treize ans. Le père et le fils voyagent ensemble sur le plus grand des quatre navires, chacun d'eux étant approximativement du même tonnage que la *Niña*. Elle s'appelle *La Capitana*, parce que c'est le navire-amiral. Les autres caravelles sont *La Gallega*, la *Santiago de Palos* (surnommée la *Bermuda*, d'après le nom de son propriétaire, Francisco Bermudez) et la *Vizcaina*. Bartolomé Colomb voyageait à titre de simple passager sur la *Bermuda*. Il ne voulait pas accompagner son frère, mais l'Amiral l'avait convaincu en lui disant qu'il était indispensable. Un autre passager s'était embarqué comme volontaire, il s'agit de Diego Méndez. C'est un homme de bonne éducation, qui a une fortune personnelle. Il est possible qu'il se soit porté volontaire pour connaître l'aventure, ou parce qu'il est attiré par l'or, ou les deux à la fois. Il devait s'avérer être un personnage très important au cours de cette expédition. Les frères Porras, Francisco et Diego, font également partie du voyage. Le premier est le capitaine d'un des navires, l'autre est le vérificateur des comptes ou le trésorier. Ce ne sont pas des hommes que Colomb a choisis. Ils ne font partie de l'expédition que parce que le trésorier de Castille l'a exigé. Le trésorier de Castille était chargé de payer tous les marins et les soldats une fois le voyage terminé. Colomb n'a donc pas d'autre choix que d'accéder à ses désirs. Un dernier passager est un chien-loup. Colomb croyait que le molosse serait utile pour effrayer les Indiens belliqueux.

Une bonne partie de l'équipage des quatre navires est composée de très jeunes gens, entre douze et dix-huit ans. Certains historiens disent que ce n'est pas sans raison que l'Amiral les avait choisis si jeunes : ils sont plus forts, plus obéissants et moins susceptibles de comparer ses décisions à celles d'autres commandants puisqu'ils ont très peu d'expérience.

La flotte quitte Cadix le 11 mai 1502 et, comme d'habitude, elle met d'abord le cap sur les îles Canaries. Depuis les Canaries, Colomb prend le même cap, ouest-sud-ouest, qu'à son second voyage. La flotte profite de bonnes conditions de navigation et, à peine trois semaines plus tard, elle arrive à la Martinique, au sud de Santo Domingo. Après trois jours à la Martinique, au cours desquels tout le monde se repose et où les bateaux font le plein d'eau douce, la flottille vogue autour des îles avant de remonter vers Santo Domingo.

Bien qu'on lui ait interdit d'aller à Santo Domingo, Colomb est d'avis qu'il a de bonnes raisons d'agir ainsi. D'une part, il veut faire parvenir des lettres en Espagne et il sait que Ovando devra bientôt renvoyer la majeure partie de sa flotte vers la métropole. D'autre part, Colomb n'est pas satisfait de la *Bermuda*. Ce bateau faisait l'affaire pour le transport des marchandises, mais il est difficile à manœuvrer. Colomb veut l'échanger contre un navire plus facile à diriger lors des manœuvres d'approche et de sortie qui sont fréquentes dans les îles. Finalement, il sent, d'après les signes que lui donnent la mer, les nuages et le vent, qu'un ouragan se prépare et il veut se trouver un port bien protégé. Il tient également, dans le cas où l'un de ses navires serait endommagé, à se trouver à un endroit où il y a des matériaux, des outils et des hommes.

Quand ses navires entrent au port, Colomb envoie son premier capitaine, Pedro de Terreros, à terre avec un mot destiné au gouverneur Ovando. Dans cette missive, Colomb avise le gouverneur de l'imminence d'un ouragan, lui demande la permission de rester au port jusqu'à ce que la tempête soit passée et lui conseille de ne pas renvoyer sa flotte en Espagne tant que le mauvais temps ne sera pas passé.

Ovando se moque de ce message. Il le lit à haute voix et ridiculise Colomb qui prétend être capable de prévoir un ouragan. Il lui refuse la permission d'ancrer ses navires à Santo Domingo et ordonne que la grande flotte appareille pour l'Espagne le jour même, tel que prévu.

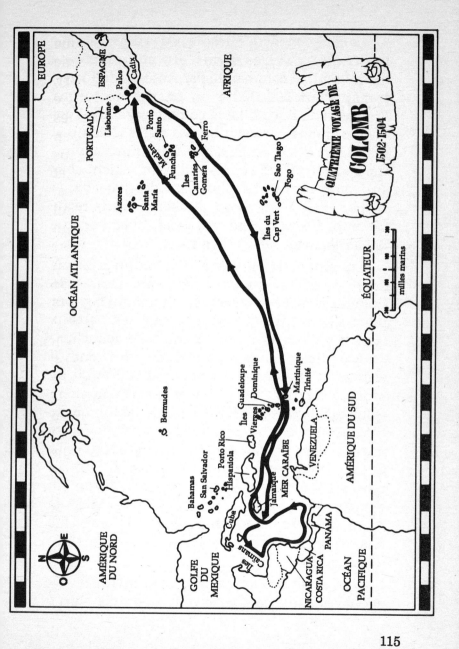

EUROPE
ESPAGNE
PORTUGAL
Lisbonne
Palos
Cadix
Porto Santo
Madère
Funchal
Îles Canaries
Gomera
Ferro
AFRIQUE
Azores
Santa Maria
Sao Tiago
Fogo
Îles du Cap Vert
OCÉAN ATLANTIQUE
ÉQUATEUR
milles marins
QUATRIÈME VOYAGE DE
COLOMB
1502·1504
Bermudes
Guadeloupe
Îles Vierges
Dominique
Martinique
Trinité
Porto Rico
San Salvador
Bahamas
Hispaniola
Cuba
Jamaïque
MER CARAÏBE
VENEZUELA
AMÉRIQUE DU SUD
Îles Caïmans
NICARAGUA
COSTA RICA
PANAMA
OCÉAN PACIFIQUE
GOLFE DU MEXIQUE
AMÉRIQUE DU NORD
N
E
S
O

115

Le chargement des trésors et des passagers sur les trente navires avait été complété. Le navire-amiral, commandé par Antonio de Torres, transportait 500 000 $ en or, de même que Francisco de Bobadilla, le commissaire royal qui avait ordonné l'arrestation des frères Colomb et leur déportation en Espagne. Les autres navires transportaient des colons qui retournaient chez eux avec leur or. Le plus petit des bateaux, la *Aguja*, avait à son bord le chargé d'affaire de Colomb, Carvajal, qui voyageait avec l'or que Bobadilla avait saisi à l'Amiral.

En apprenant la nouvelle qu'on lui refuse le droit de rester au port de Santo Domingo, Colomb se met à la recherche d'un mouillage sûr pour sa flottille. Il ordonne que les bateaux fassent voile vers l'ouest jusqu'à l'embouchure du Rio Jaina. Se fiant à la direction des vents, il estime que l'ouragan arrivera par le Détroit de Mona, à la pointe est de Hispaniola, et remontera le long de la côte nord de l'île. Il en déduit que le littoral sud offrira le meilleur abri pour ses navires. Ils se préparent du mieux qu'ils peuvent. Colomb réunit ses quatre capitaines et leur dit que, s'ils venaient à être séparés durant la tempête, ils doivent se rendre à Puerto Viejo de Azua, à environ cinquante milles à l'ouest. Une fois ces précautions prises, ils attendent l'arrivée de la tempête.

Vers la fin de l'après-midi, les vents se lèvent et quand la nuit tombe, le vent du nord a tourné à la tempête. La chaîne de l'ancre de chacun des trois plus petits navires cède et les bateaux sont entraînés vers la haute mer. Heureusement, leurs capitaines réussissent à manœuvrer de telle sorte que tous les navires sont sains et saufs. Sur la *Bermuda*, le capitaine Porras tombe malade et c'est Bartolomé Colomb qui assure le commandement, guidant le navire à travers les vents et les vagues.

C'est une expérience épouvantable. Ayant déjà essuyé deux ouragans aux Indes, Colomb avait appris à redouter la puissance de ces vents qui soufflent à plus de cent soixante kilomètres à l'heure et qui soulèvent d'énormes vagues. Cet ouragan l'inquiète tout particulièrement puisqu'il a Fernando à son bord et que Bartolomé est sur la *Bermuda*. Plus tard, il écrira à propos de cet ouragan :

> *«Quel être humain... ne serait pas mort de*
> *désespoir quand, devant un tel cataclysme,*
> *alors que je cherchais à protéger mon fils,*
> *mon frère, mon équipage et moi-même,*
> *nous nous vîmes refuser l'accès à ce port*
> *et à cette terre que, par la Grâce de Dieu et*
> *au prix de ma sueur et de mon sang,*
> *j'avais moi-même conquise pour*
> *l'Espagne!»*

Les navires de Colomb sont endommagés, mais aucun ne coule ni ne s'échoue. La grande flotte, à qui Orvando, malgré les avertissements de Colomb, avait ordonné de rentrer en Espagne, n'aura pas cette chance. Dix-neuf des navires sont perdus corps et biens. Six autres coulent, mais quelques passagers réussissent à échapper au naufrage. De peine et de misère, quatre autres reviennent à Santo Domingo lourdement endommagés. Le seul navire qui réussira à traverser la tempête et à rallier l'Espagne sera la *Aguja*, celui qui transporte le mandataire de Colomb ainsi que son or.

Quand l'ouragan est passé, les quatre navires de Colomb se retrouvent à Puerto Viejo de Azua, tel que prévu. Ils passent là plusieurs jours à se reposer et à remettre les navires en état. Ensuite, ils font voile vers l'ouest, traversent le Passage du Vent entre Hispaniola et Cuba, puis se dirigent au large de la mer des Caraïbes. Ils touchent terre sur une des îles de la baie, au large du Honduras.

Sur cette île, Bonacca, ils aperçoivent le plus grand canot qu'ils n'aient jamais vu. Non seulement est-il long, mais il est équipé d'un balancier et d'une cabine pour les passagers. Il transporte du tissu en coton, des objets en cuivre, des creusets pour faire fondre des métaux tels le cuivre, des fruits, de la bière et des graines de cacao. Les graines sont utilisées comme monnaie. Le capitaine du canot leur explique qu'il vient du continent et qu'il est en voyage de commerce dans les îles. Colomb réalise que, grâce à sa qualité de marchand, cet homme communique facilement; il lui donne le nom de Juan Perez et lui ordonne de rester avec la flottille à titre de guide et d'interprète.

La flotte se dirige ensuite vers le cap Honduras, au nord de l'île. Là, ils jettent l'ancre et font le plein d'eau douce et de provisions. Pendant ce temps, Colomb essaie d'établir un plan de recherche pour trouver le détroit. Il décide d'aller vers l'est, bien qu'il sache que la navigation sera plus difficile que s'il se dirigeait vers l'ouest.

Luttant contre la pluie et les orages, ils mettent presque un mois à contourner la partie nord du Honduras. Plus tard, Colomb écrira qu'il n'avait jamais vu une tempête durer aussi longtemps :

> «*Ce qui m'a le plus touché, ce sont les souffrances de mon fils; de penser que ce jeune garçon, âgé de seulement treize ans, devait traverser une si dure épreuve. Mais Notre Seigneur lui a donné tant de courage qu'il a été une inspiration pour ses compagnons et qu'il a travaillé aussi dur que s'il avait une longue expérience de la mer. Cela m'a réconforté. J'étais malade et plusieurs fois j'ai cru me retrouver à la porte de la mort. Je donnais mes ordres d'un abri que mes hommes avaient monté à la poupe. Mon frère était dans le plus mauvais bateau, celui qui se manœuvrait le moins bien, et je me sentais terriblement coupable de l'avoir entraîné dans cette aventure, malgré sa volonté.*»

Après avoir contourné le cap, ils arrivent au

Nicaragua et, par la suite, au Costa Rica. Colomb prend officiellement possession de ces terres au nom de l'Espagne, mais il n'y trouve rien de bien intéressant. Les Indiens Talamanca ont eux aussi du *guanin*, cet alliage d'or et de cuivre, mais le *guanin* que Colomb avait déjà fait parvenir en Espagne n'avait pas eu de succès et il ne voulait pas s'en encombrer. Ils y trouvent quelques animaux intéressants, dont un singe araignée.

Plus loin, ils découvrent des gens qui portent des parures d'or et ils les échangent contre de la verroterie et des grelots. Le 5 octobre, Colomb croit qu'il vient enfin de découvrir le détroit qu'il cherche. Malheureusement, il avait déjà laissé repartir l'interprète qu'il avait capturé et il arrive difficilement à communiquer avec les Indiens. Il fait de grands gestes avec les bras pour essayer de faire comprendre qu'il cherche un océan, mais les Indiens, croyant qu'il cherche simplement une large étendue d'eau, le dirigent vers une lagune.

Colomb ne met pas longtemps à s'apercevoir qu'il est dans une lagune. Les Indiens qui s'approchent du navire pour faire des échanges, lui apprennent qu'il est près d'un endroit où le continent se rétrécit pour former une étroite bande de terre qui sépare deux mers. Mais ils lui apprennent également que ce passage est hérissé d'une chaîne de montagnes. Si Colomb avait essayé de franchir ce passage, qu'on appellera plus tard l'isthme de Panama, il aurait pu voir l'océan Pacifique. Mais il ne fait pas cette tentative. En fait, il abandonne sa recherche du détroit.

Alors qu'il est dans cette lagune, il découvre quelque chose qui l'intéresse tout autant, sinon plus que ce détroit : de l'or. Les Indiens Guaymi portent des parures d'or qu'ils sont ravis d'échanger contre de la verroterie et des grelots, et Colomb commence à songer à installer un autre poste de traite.

Le 17 octobre 1502, les quatre navires reprennent la mer et longent la côte du Panama à la recherche d'un endroit pour fonder une colonie. Il y a bien quelques ports naturels, mais ceux où la flotte fait escale ne correspondent pas, pour une raison ou pour une autre, à ce que Colomb recherche. En fait, c'est surtout parce que les Indiens qu'il y rencontre n'ont pas d'or. Parmi ces endroits, il y a une anse magnifique que Colomb baptise Puerto Bello (Beau Port). À ce moment, il est tout près de l'isthme de Panama, mais il décide de continuer ses observations.

Au début de décembre, Colomb estime qu'ils ont déjà dépassé les meilleurs endroits pour trouver de l'or et il ordonne à la flotte de faire demi-tour. Quand ils reviennent à Puerto Bello, le temps a déjà viré à la tempête. Il pleut depuis plusieurs jours et les vents ballottent les bateaux en tous sens. À un moment, les navires se perdent de vue, mais ils se retrouvent une couple de jours plus tard. Tout le monde à bord est fatigué et épuisé par le mauvais temps. Ils sont également affaiblis par la faim, car les provisions tirent à leur fin. Plus tard, Fernando écrira que les vivres qui restent sont tellement infestés de cette vermine qu'on appelle les charançons que, affamés comme ils sont, certains des hommes attendent la nuit pour manger. De cette façon, ils ne voient pas ce qu'ils avalent.

Pendant que les charançons infestent les provisions, les *teredos* font de même sur la coque des navires. Ces vers de mer creusent des trous et, éventuellement, le fond peut en venir à se détacher complètement. Avant de partir en voyage, la coque des navires avait été grattée soigneusement et recouverte de poix. Mais les *teredos* semblent être aussi friands de la poix que du bois. Le 23 décembre, quand la flotte jette l'ancre dans ce port panaméen que nous appelons maintenant Coco Solo, Colomb ordonne que la coque de la *Gallega* soit nettoyée (on appelle ce procédé le *carénage*, parce que l'on doit coucher le navire sur le côté).

Peu de temps après le jour de l'An 1503, la flotte repart vers l'ouest et, le 6 janvier, elle jette l'ancre à l'embouchure d'un fleuve que Colomb appelle Belén. Il lui donne le nom espagnol de Bethléem, car le 6 janvier est le jour de la fête des Rois mages, venus à Bethléem rendre hommage à l'enfant Jésus. Croyant peut-être que le fait qu'il ait trouvé un endroit pour s'ancrer ce jour-là est de bon augure, Colomb décide d'y construire son poste de traite.

10
NAUFRAGÉS

Colomb met peu de temps à se rendre compte qu'il a choisi d'établir son comptoir de traite dans l'un des endroits les plus humides du Panama. Il pleut si fréquemment que le sol est constamment saturé d'eau et que toute nouvelle averse est susceptible de provoquer des inondations. Tard en janvier, un orage s'abat sur les montagnes qui dominent l'embouchure du Belén et un torrent d'eau descend le fleuve et fond sur les navires. Le courant est si fort que la *Capitana* tire sur son ancre et éperonne la *Gallega*.

Pendant ce temps, Bartolomé a pris la tête d'une expédition qui remonte le fleuve voisin, le Veragua, et prend contact avec le *cacique* local qui a pour nom Quibian. Quibian fournit des guides qui mènent les explorateurs à un endroit où ils sont en mesure de ramasser de grandes quantités d'or simplement en creusant avec leurs couteaux. Cela suffit pour que Colomb décide d'y construire un comptoir de traite qu'il nomme Santa María de Belén.

Mais bientôt des troubles éclatent. Quelques Espagnols font des razzias dans les villages indiens à la recherche de femmes et d'or. Quibian se rend compte que les étrangers sont en train de se construire une forteresse et des cabanes et comprend que, s'il ne réagit pas, ces raids vont continuer de plus belle. Il commence à faire descendre ses hommes en canots le long du Belén. Colomb a l'impression qu'ils ont pour mission de trouver l'endroit le plus propice pour une attaque.

C'est à ce moment que l'Amiral et les membres d'équipage des navires espagnols vont commencer à se rendre compte de la valeur de Diego Méndez. Il se porte volontaire pour découvrir ce qui se trame. Il prend un bateau à rames et longe la côte jusqu'à ce qu'il rencontre un important campement de guerriers qui se préparent manifestement pour la bataille. Plutôt que de retourner en vitesse à Santa Maria de Belén, il se rend plutôt à terre et dit aux Indiens qu'il sait ce qu'ils préparent. Il revient ensuite au bateau et passe la nuit à surveiller leur camp.

Maintenant que les Espagnols sont au courant de leurs intentions, les guerriers ne savent plus trop quoi faire. Aussi retournent-ils au village de Quibian. De son côté, Méndez retourne au poste de traite pour rapporter ces nouvelles à Colomb. Il repart ensuite vers le village de Quibian. Là, il trouve les villageois en train de se préparer pour la guerre et, encore une fois, il confronte aussitôt les guerriers. Cette fois, il procède cependant différemment. Il sort une paire de ciseaux et demande à l'un des hommes qui l'accompagnent de lui faire une coupe de cheveux. Les Indiens sont si curieux devant ce geste qu'ils s'arrêtent de danser. Quibian est si intrigué qu'il se fait lui aussi couper les cheveux. Méndez lui fait cadeau d'un peigne, de ciseaux et d'un miroir.

Quand Méndez rapporte à Colomb qu'il a de nouveau trouvé les Indiens sur le sentier de la guerre, Colomb décide de capturer Quibian. Méndez prend le commandement d'un détachement qui capture le *cacique* et sa famille, et qui les ramène à Santa María de Belén. Malheureusement pour Colomb, Quibian s'échappe et reforme une force dans le but d'attaquer la colonie d'Européens.

Pendant ce temps, le niveau du fleuve Belén est si bas qu'un haut-fond sablonneux empêche maintenant les quatre navires de regagner la mer. Les marins réussissent à haler trois des bateaux de l'autre côté de la barrière de sable. Colomb ordonne que le quatrième, la *Gallega*, reste de l'autre côté afin qu'elle serve de forteresse flottante. Son intention est de laisser Bartolomé et une poignée d'hommes en arrière-garde à Belén, pendant que le reste de l'équipage et lui-même retourneraient en Espagne pour chercher d'autres navires, des provisions et des hommes.

Au moment où les navires sont sur le point d'appareiller, un groupe de quatre cents Indiens attaque le fort. Bartolomé et sa vingtaine d'hommes, avec l'aide du chien-loup, réussissent à les mettre en déroute. Mais en se repliant, les Indiens tombent nez à nez avec Diego Tristan, le capitaine de la *Capitana*. Accompagné d'une dizaine d'hommes, il avait remonté la rivière pour faire le plein d'eau douce. Les Indiens tuent tous les Espagnols, à l'exception d'un seul.

Maintenant, pour Bartolomé, il n'est plus question de rester derrière, à Santa María de Belén, entouré d'Indiens hostiles. Colomb est d'accord que ce serait risquer inutilement la vie de son frère et de ses hommes. Le problème est maintenant de trouver le moyen de faire traverser les hommes et les provisions de l'autre côté du haut-fond. Encore une fois, c'est Diego Méndez qui s'en charge. Il construit un radeau sur lequel il transporte les hommes et les provisions jusqu'aux navires qui sont de l'autre côté, et abandonne la *Gallega*. Colomb ne devait jamais revenir à Belén.

L'Amiral décide qu'il est temps de rentrer à la maison. Mais ils ont besoin de provisions et les bateaux ont besoin d'être carénés, car, toujours actifs, les tarets ont sérieusement endommagé la coque des navires. Aussi la flotte se dirige-t-elle d'abord vers Santo Domingo. Colomb est à peu près certain qu'en faisant voile vers l'est, ils vont toucher la pointe sud d'Hispaniola. Mais les pilotes ne sont pas d'accord avec lui : ils estiment qu'ils sont déjà au sud d'Hispaniola. Pourtant Colomb continue de prétendre qu'il a raison.

Ils avancent lentement. Les forts vents d'est les ralentissent et les coques des navires sont en si mauvais état que, nuit et jour, les matelots doivent pomper et écoper l'eau qui s'infiltre par les interstices. Bientôt, aucun effort ne peut plus sauver la *Vizcaina*. On doit abandonner le navire et répartir l'équipage sur les deux bateaux qui restent, la *Capitana* et la *Bermuda*. Cette situation n'améliore pas l'état d'esprit de l'équipage.

Au début de mai, les pilotes insistent pour que les deux navires mettent immédiatement le cap vers le nord. Souffrant de la malaria, d'arthrite et désespéré par son échec à Santa María de Belén, Colomb se plie à leur volonté. Les navires remontent vers le nord, luttant contre les courants et les orages électriques. Deux semaines plus tard, ils arrivent à Cuba, ce qui prouve que les pilotes se trompaient quant à leur position. Mais Colomb n'est pas d'humeur à répliquer «vous voyez bien que j'avais raison». Il doit concentrer toutes ses énergies à ramener les navires à Santo Domingo.

Il aurait pu longer la côte de Cuba pour, ensuite, traverser le canal du Vent, mais l'Amiral craint que les navires ne tiennent pas le coup. Il ordonne plutôt qu'on se dirige vers la haute mer, en espérant que les courants rapides qui mènent à l'est, vers Hispaniola, ne seront pas trop durs pour les coques mal en point. Mais à une centaine de milles d'Hispaniola, la *Bermuda* prend tellement l'eau qu'elle menace de couler. Colomb met alors le cap sur la Jamaïque pour y trouver refuge.

Les navires arrivent dans une baie que Colomb, lors de son second voyage, avait baptisée Santa Gloria (aujourd'hui, on l'appelle St. Ann's Bay). Colomb ordonne qu'on échoue les navires sur la grève et les hommes tassent du sable sous la quille des bateaux pour les empêcher de chavirer. Ensuite, ils partent chercher des palmes et du feuillage pour se construire des cabanes sur le pont. C'est là qu'ils vont vivre en attendant qu'on leur vienne en aide. Ils n'ont aucune idée combien de temps le secours mettra à arriver.

Les indigènes sont amicaux. Colomb décide de les garder dans cet état d'esprit en interdisant à ses hommes de descendre à terre. Il sait très bien que s'il permet à ses hommes de débarquer, ils vont se mettre à trousser les femmes et que les bons Indiens vont rapidement se transformer en ennemis. Les naufragés européens ont, d'abord et avant tout, besoin de l'aide des indigènes pour trouver de quoi manger.

Durant toute la durée de leur séjour à Santa Gloria, Colomb et ses hommes dépendront entièrement des indigènes en ce qui a trait à la nourriture. S'il arrive aux Espagnols d'aller à la pêche ou à la chasse, c'est principalement par plaisir plutôt que par nécessité. Les historiens ne savent pas au juste pourquoi ils agissent ainsi, puisque personne à Santa Gloria ne s'est jamais expliqué sur ce sujet. La raison peut être liée au fait que beaucoup de marins sont jeunes et n'ont aucune expérience de la pêche ou de la chasse. Mais la raison la plus plausible serait que les Européens considèrent qu'il est indigne de leur rang de travailler pour se nourrir. Ils estiment qu'ils ont le droit d'obliger les autres peuples à faire ce travail à leur place.

Un siècle et demi plus tard, les colons hollandais de New Amsterdam (aujourd'hui New York) dépendaient totalement des Indiens quant au gibier qu'ils mangeaient. Si les Indiens ne chassaient pas le chevreuil, les colons n'avaient pas de viande de chevreuil. Les colons hollandais avaient pourtant des fusils, mais ils ne s'en servaient pas pour chasser. S'il n'y avait pas eu d'Indiens aux alentours de New Amsterdam, les Hollandais auraient dû chasser eux-mêmes, mais puisqu'il y avait des Indiens, ce sont eux qui se chargeaient de la besogne.

C'était probablement la même chose pour Colomb et ses hommes. S'ils s'étaient échoués sur une île déserte, ils se seraient débrouillés pour se nourrir de chasse et de pêche, mais, à Santa Gloria, les Indiens faisaient le travail à leur place.

L'Amiral envoie donc Diego Méndez et quelques hommes à terre pour trouver de quoi manger. Les indigènes leur vendent de la nourriture et un canot pour la transporter. Ensuite, Méndez établit avec les Indiens un contrat écrit qui fixe les prix que les Européens sont disposés à payer pour la nourriture : un pâté de graines de cassave vaut deux billes de verre, un poisson de belle grosseur deux grelots et ainsi de suite.

Une fois réglés, grâce à Méndez, les besoins d'approvisionnement et d'abris pour les hommes, Colomb se concentre sur un problème plus important : comment repartir de Santa Gloria. S'il ne lui vient pas à l'idée de construire une embarcation à partir des pièces des deux navires échoués, la raison en est probablement que ses marins sont trop jeunes et inexpérimentés pour savoir construire un bateau. Il y a peu de chance qu'un navire espagnol s'approche des côtes puisqu'il a déjà signalé qu'il n'y a pas d'or à la Jamaïque. Son seul espoir est de faire parvenir un message à Santo Domingo.

Le personnage tout désigné pour remplir ce rôle est évidemment Diego Méndez, qui a déjà réussi à sortir l'expédition de plusieurs mauvais pas. Méndez ordonne que la pirogue qu'il a achetée aux Indiens soit équipée d'un mât, d'une voile et d'une quille. L'embarcation est chargée de provisions et Colomb confie à Méndez le rapport de son voyage, en lui demandant de le faire parvenir en Espagne depuis Santo Domingo. Méndez part alors pour Hispaniola en longeant la côte jamaïquaine jusqu'à ce qu'il atteigne ce qu'on appelait alors la Pointe Nord-Est. Mais quelque part, tout près de cette pointe, il est capturé par des Indiens. Il réussit à s'échapper et à regagner Santa Gloria.

Le lendemain, il fait une nouvelle tentative. Cette fois, deux canots font partie de l'expédition, l'autre étant commandé par le capitaine Bartolomé Fieschi, un Génois. À bord de chacun des canots, on retrouve six Espagnols et dix Indiens qui sont là à titre de rameurs et d'hommes à tout faire. Dans d'autres pirogues achetées aux Indiens, Bartolomé Colomb et des hommes armés assurent leur sécurité. L'escorte accompagne les deux «canots à voile» jusqu'à la Pointe du Nord-Est et les regarde prendre le large et se diriger vers le canal du Vent, en direction d'Hispaniola.

C'était là une entreprise téméraire. Jamais auparavant des Européens n'avaient tenté, dans ces eaux, ce qu'il est convenu d'appeler un voyage en embarcation légère. Les Européens n'étaient pas coutumiers de ce genre de voyage, ni les Indiens. On a rapporté que beaucoup d'Indiens sont morts parce qu'ils avaient bu leurs rations d'eau trop tôt. D'autres sont morts lorsque les deux canots ont atteint l'île de Navassa et que tous ont pu se désaltérer; les Indiens auraient bu trop d'eau d'un coup. Une des raisons pour lesquelles les Indiens ont bu leur eau si vite est peut-être qu'ils déployaient plus d'efforts et qu'ils avaient plus soif que les autres. Quoi qu'il en soit, tous les Européens sont vivants quand, quatre jours après avoir quitté la Jamaïque, les canots atteignent Hispaniola.

Le gouverneur Ovando ne se presse pas pour venir en aide à Christophe Colomb. En fait, il tient Diego Méndez à distance. Il lui ordonne de rester à l'intérieur des terres et de ne pas s'approcher de Santo Domingo. Entre le mois d'août 1503 et mars 1504, Ovando refusera d'envoyer une mission de secours à la Jamaïque et interdira à Méndez de s'en charger. Finalement, en mars, il autorisera Méndez à se rendre à Santo Domingo pour essayer d'affréter un navire de secours.

Pendant ce temps, tout ce que Colomb et les autres naufragés européens peuvent faire, c'est se contenter d'attendre. Ils ne savent pas si Méndez a atteint Hispaniola ou s'il a péri en mer. Pour beaucoup d'hommes, c'est une trop longue attente. Au jour de l'An 1504, à l'instigation des frères Porras, la moitié des naufragés se mutinent.

C'était à la demande du trésorier de Castille que les frères Porras faisaient partie de l'expédition et ils ne sont pas fidèles à Colomb. Pendant les longs mois d'attente à Santa Gloria, ils se sont souvent plaints ouvertement en disant que l'Amiral ne voulait pas vraiment se rendre à Hispaniola; qu'il ne faisait rien pour les sortir de là; qu'ils avaient déjà attendu trop longtemps;

que Diego Méndez devait sûrement avoir péri en mer; que la chose à faire était de prendre d'autres pirogues et de faire une autre tentative pour atteindre la colonie espagnole.

Colomb n'encourt aucun danger durant cette mutinerie. Les frères Porras et leurs partisans quittent simplement les deux navires échoués et partent de leur côté, à bord d'une dizaine de canots. En longeant les côtes de la Jamaïque, ils pillent tous les villages qu'ils rencontrent et capturent certains Indiens qu'ils vont forcer à leur servir de pagayeurs. Quand ils atteignent la Pointe Nord-Est, ils prennent le large, mais les vents les rabattent sur la côte. Estimant qu'ils sont trop lourdement chargés, ils jettent par-dessus bord une bonne partie de leurs provisions, ainsi que la plupart des Indiens, et font une nouvelle tentative. Mais, encore une fois, ils sont impuissants à vaincre les vents. Après une dernière tentative infructueuse, ils abandonnent les canots. Ils décident de rester à la Jamaïque, mais de faire bande à part et d'attendre le moment propice pour se rendre à Santa Gloria tendre une embuscade à Colomb et à ses hommes, afin d'essayer de s'emparer d'un des navires.

Pendant ce temps, à Santa Gloria, malgré le départ des quarante-huit mutins, les provisions sont dangereusement basses. Les Indiens ont maintenant toute la verroterie et les grelots dont ils ont besoin et n'ont plus de raisons de continuer à nourrir les naufragés européens. C'est alors que

Christophe Colomb s'en remet à une ruse astucieuse. Selon l'almanach, on prévoyait une éclipse totale de lune lors de la dernière nuit de février 1504. Colomb informe donc les Indiens que Dieu exige qu'ils continuent à leur fournir à manger, qu'Il est en colère et qu'Il va bientôt leur montrer à quel point Il est mécontent. Colomb dit aux Indiens de bien observer la lune au cours de la nuit, afin de voir de quoi il parle.

Cette nuit-là, tel que prévu dans l'almanach, la Terre passe entre le Soleil et la Lune, bloquant la lumière solaire et voilant complètement la Lune. Les Indiens sont terrifiés par le spectacle et supplient Colomb de mettre fin à cette démonstration. L'Amiral reste enfermé dans sa cabine jusqu'à ce que l'éclipse soit presque terminée, puis il sort en annonçant qu'il a demandé à Dieu de ramener la Lune, à la condition que les Indiens continuent de les nourrir, lui et ses hommes. Évidemment, l'éclipse prend fin, mais à partir de ce moment, les Indiens leur fournissent toute la nourriture nécessaire.

Vers la fin de mars 1504, un navire pénètre dans la baie de Santa Gloria. Colomb et ses marins naufragés s'imaginent alors qu'ils vont être rescapés. Mais le gouverneur Ovando n'a envoyé ce bateau que dans le seul but de savoir si Colomb et ses hommes sont toujours vivants. Son capitaine a reçu des ordres stricts et n'a pas le droit de prendre de passagers. Le capitaine apporte un message de Méndez qui annonce qu'il a réussi à se rendre à Santo Domingo et qu'il essaie d'affréter un bateau pour les secourir. Ensuite, il ordonne à ses matelots de décharger une couple de barils de vin et un flanc de porc salé, puis le navire repart, laissant les naufragés dans le désespoir le plus total.

Pourtant, le message de Méndez avait redonné espoir à Colomb. Il avait la certitude qu'ils allaient être bientôt rescapés. Aussi, avant que les secours n'arrivent, décide-t-il de mettre les choses en ordre à Santa Gloria, c'est-à-dire de faire la paix avec les frères Porras et leur bande de mutins qui se cachaient toujours dans les environs. Mais les frères Porras interprètent ces avances comme un signe de faiblesse et attaquent Santa Gloria. Les frères Colomb repoussent l'assaut et forcent les mutins à se rendre. Tous reçoivent leur pardon, à l'exception des frères Porras qui sont placés sous bonne garde sur la grève.

Finalement, à la fin de juin 1504, Diego Méndez arrive de Santo Domingo à bord d'un navire qui prend l'eau de toutes parts. La centaine de naufragés et leurs provisions surchargent le navire à tel point qu'ils coulent presque sur le chemin du retour. On doit faire fonctionner les pompes nuit et jour pour garder le navire à flots. Après un épouvantable voyage de plus de six semaines, le navire jette l'ancre à Santo Domingo. Après plus d'un an, les naufragés sont sains et saufs. Plus tard, quand ils seront tous deux de retour en Espagne, Colomb confiera à Méndez que cela avait été le plus beau jour de sa vie, car il ne s'attendait plus à sortir de cet endroit vivant.

Colomb n'avait pas l'intention de rester à Santo Domingo plus longtemps que nécessaire. Mais il avait des affaires à régler avec Ovando, à savoir prendre livraison de l'or qui lui est dû en tant que vice-roi des Indes. Ovando lui remet alors un coffret plein d'or. Mais Colomb en réclame davantage et reçoit en plus une valeur d'environ 180 000 $ en or. Il y appose son sceau et ordonne à Ovando de lui faire parvenir cet or en Espagne. Dès qu'il le peut, Colomb affrète un navire et retourne en Espagne. Seulement vingt-trois des hommes qui avaient pris le départ retourneront avec lui. Les autres n'ont plus le courage d'affronter un autre voyage et restent à Santo Domingo. Le voyage de retour est long et pénible à cause des mauvaises conditions météorologiques, mais le navire arrive finalement en Espagne le 7 novembre 1504.

Après cela, tout au long de sa vie, qui ne sera plus bien longue, Colomb parlera de son quatrième voyage aux Indes comme de *El Alto Viaje*, le Voyage Ambitieux. Certes, ce voyage avait été riche en aventures! Mais les hommes qui en avaient fait partie étaient à tout jamais marqués par leurs longues souffrances. Fernando Colomb ne retournera jamais en mer. Ni son père. Quand aux autres, on n'en sait rien.

11
LA FIN DU VOYAGE

Quand, au début de novembre 1504, Colomb arrive en Espagne, la reine Isabelle est gravement malade. L'Amiral se rend à Séville pour y attendre la convocation à la cour, mais cette convocation ne vient pas. Puisque c'est l'habitude pour les capitaines qui reviennent d'un voyage outre-mer de faire leur rapport au roi et à la reine, Colomb soupçonne que ni le roi ni la reine ne veulent le voir.

Tout probable que c'est le roi Ferdinand qui prend la décision de ne pas inviter Colomb à la cour. Il a déjà reçu le rapport que Colomb lui a fait parvenir par l'entremise de Diego Méndez, lorsque ce dernier avait entrepris son voyage de secours vers Hispaniola. Au dire de tous, ce rapport n'est pas très convaincant. Colomb y décrit les difficultés qu'il a éprouvées et se place sur la défensive en perdant son temps à décrire les raisons pour lesquelles il a eu tant de problèmes. Il s'étend également trop longtemps à fournir de pseudo-preuves qu'il s'est bel et bien rendu en Extrême-Orient. Ferdinand en a probablement eu assez et il ne tient pas à se faire répéter le même discours de la bouche même de Colomb.

Isabelle meurt à la fin de novembre. L'Amiral aurait aimé assister aux funérailles aux côtés de tous ceux qui allaient profiter de cette occasion pour essayer de s'attirer les faveurs de la cour. Mais Colomb est victime d'une crise d'arthrite et est trop mal en point pour voyager. Il se contente d'écrire à ses fils pour leur demander de faire leur possible pour intercéder en sa faveur.

Les problèmes de leur père n'avaient pas modifié le statut de Diego et de Fernando à la cour. Diego, qui avait maintenant vingt-quatre ans, était membre de la garde personnelle du roi. Fernando, maintenant âgé de seize ans, avait retrouvé son poste de page et avait également reçu son plein salaire pour le voyage qu'il avait fait avec son père.

Les autres membres de l'expédition n'auront pas tous la même chance. Colomb passe beaucoup de temps à écrire des lettres au trésorier de Castille pour lui demander de payer les marins et les officiers. Ce n'est que plusieurs années plus tard que ceux-ci recevront leur argent, et, encore, ne seront-ils payés que pour un maximum de deux années de service.

Colomb, quant à lui, est à l'abri des soucis d'argent. Il a le coffret plein d'or qu'il a rapporté, de même que l'or qui lui a été livré par la *Aguja*, le seul parmi les trente navires de la flotte de Ovando à avoir traversé intact l'ouragan. Mais les affaires d'argent le préoccupent tout de même. Une fois privé du pouvoir qu'il pensait avoir sur Hispaniola et les autres îles qu'il avait découvertes aux Indes, il consacre ses efforts à essayer de récupérer au moins les richesses qu'on lui a promises. Il écrit plusieurs lettres à Diego, à la cour, lui demandant d'essayer de faire confirmer ses droits sur les divers pourcentages sur l'or, les perles et les autres richesses en provenance des Indes.

Ce n'est pas dans son intérêt personnel qu'il entreprend ces démarches, mais plutôt pour financer un nouveau voyage dans l'Autre Monde. Il se rend bien compte qu'à cinquante-trois ans, malade comme il est, il ne sera pas en mesure d'entreprendre lui-même ce voyage. Il souhaite que ce soit plutôt Diego qui parte. Il tient également à ce que, après sa mort, le roi Ferdinand nomme Diego Vice-roi. Diego est d'accord avec les volontés de son père. Il solidifie ses relations avec le roi en épousant une femme de sang royal, Doña María de Toledo. L'épouse de Diego est la nièce d'un des cousins du roi.

Au fur et à mesure que les mois passent, il est de plus en plus important pour Colomb que le roi le confirme dans ses titres et qu'il respecte leur entente originale, à savoir qu'à sa mort, ces titres seront transférés à ses héritiers. Il ravale son orgueil, blessé par le fait de ne pas avoir été invité à la cour, et demande à être entendu. À ce moment, au printemps 1505, il se sent assez bien pour voyager.

Le seul problème est qu'il n'est plus assez fort pour voyager à cheval. Il ne peut supporter que le pas plus lent d'une mule, mais pour se présenter à la cour à dos de mule, il doit obtenir une permission spéciale du roi Ferdinand. Il semble en effet que les éleveurs de chevaux avaient réussi à persuader le roi de passer une loi interdisant de monter les mules. Le roi lui accorde cette permission et Colomb devient l'un des rares hommes dans toute l'Espagne à pouvoir se promener à dos de mule.

En mai 1505, Ferdinand et toute la cour d'Espagne sont à Ségovie, au nord de Madrid. Depuis Séville, c'est un long voyage, en particulier à dos de mule, mais Colomb est déterminé à s'y rendre, peu importe la fatigue et les courbatures. Le roi Ferdinand le reçoit de manière amicale, mais propose qu'on nomme un arbitre, quelqu'un de neutre, pour étudier ses plaintes contre la couronne. Ces griefs, selon le roi, touchent non seulement les questions financières, mais également les titres d'Amiral et de Vice-roi. Colomb n'est pas d'accord. Il n'a pas l'intention de laisser un arbitre décider si oui ou non il a droit aux titres qui lui ont déjà été conférés.

Le différend n'est toujours pas résolu quand le roi quitte Ségovie pour Salamanque. Aussi Colomb suit-il la cour. Quand la cour se déplace à Valladolid, Colomb suit une fois de plus. Il passe toute une année à se déplacer ainsi de ville en ville en attendant la décision royale. Malheureusement, même à dos de mule, ces voyages n'arrangent en rien sa santé.

Colomb sent que sa dernière heure approche. Il envoie des lettres aux membres de sa famille leur demandant de venir le rejoindre. Il rédige également son testament. Quand Bartolomé arrive, Christophe envoie son frère à la cour en son nom. Bartolomé est à la cour quand, le 20 mai 1506, Colomb rend son dernier souffle.

Durant les derniers jours de Colomb, ses deux fils, Diego et Fernando sont auprès de lui, de même que son jeune frère Diego et quelques loyaux amis, tels Diego Méndez et Bartolomé Fieschi. Un prêtre célèbre la messe et lui administre les derniers sacrements. Les dernières paroles de Colomb sont les mêmes que celles du Christ sur la croix : «Mon Dieu, je remets mon âme entre Tes mains.» Sa foi en Dieu était plus forte que jamais.

On fait à Christophe Colomb, Amiral de la mer Océane, vice-roi et gouverneur des îles et des terres des Indes, d'humbles funérailles. Très peu de personnes pleurent sur la dépouille de l'homme qui avait découvert de nouvelles terres et les routes marines vers l'ouest. Le roi Ferdinand honorera ses vœux en nommant Diego gouverneur d'Hispaniola et en lui accordant les autres titres honorifiques détenus par Colomb.

En 1508, Diego est nommé gouverneur des Indes et, en 1509, il se rend à Santo Domingo pour occuper son poste. Deux ans plus tard, il est nommé vice-roi des Îles, mais il n'est fait aucune mention des terres continentales. Il entreprendra plusieurs voyages en Espagne afin d'essayer de convaincre la cour d'étendre également son pouvoir au continent. Il est en Espagne quand il meurt, en 1526. Son fils, Luis, s'entendra avec la couronne d'Espagne. En échange du titre d'Amiral des Indes, de la Jamaïque, d'un territoire sur l'isthme de Panama et d'une rente annuelle, il laissera tomber toutes ses prétentions sur le Nouveau Monde.

Christophe Colomb meurt sans savoir qu'il n'avait pas atteint l'Extrême-Orient. Il faudra attendre que Ferdinand Magellan, un navigateur portugais à la solde de la couronne d'Espagne, passe le détroit de Magellan pour que les Européens réalisent qu'il y avait un autre océan. Magellan partira d'Espagne le 20 septembre 1519, il entrera dans le détroit qui porte aujourd'hui son nom le 21 octobre 1520 et, le 28 novembre 1520, il atteindra le Pacifique. Il continuera de faire route vers l'ouest, mais sera tué aux Philippines en 1521, en tentant d'apporter son aide à une tribu en guerre contre une autre. Les autres navires, qui n'étaient plus que trois, continueront leur voyage. Éventuellement, seule la *Victoria*, commandée par Juan Sebastian del Cano, complétera ce voyage autour du monde. La *Victoria* reviendra en Espagne le 22 septembre 1522, trois ans presque jour pour jour après que la flotte de cinq navires soit partie pour son expédition.

Quand ce dernier navire de la flotte de Magellan aura complété le tout premier tour du monde de l'Histoire et fait la démonstration que les «Indes» de Colomb n'avaient rien à voir avec le continent indien, il sera trop tard pour les peuplades que l'Amiral avait baptisé les Indiens. Non seulement s'étaient-ils fait accoler un nom qui n'était pas le leur, mais la plupart de ces indigènes étaient morts.

Les peuplades de cette région, qu'on appellera plus tard les Indes occidentales, ont terriblement souffert sous la domination des Espagnols. Ils sont forcés de travailler comme esclaves dans les champs et dans les mines d'or, et, exposés aux maladies des Européens, ils meurent en grand nombre. On ne saura jamais combien de Lucayans vivaient sur les îles des environs de Samana Cay quand Colomb débarque pour la première fois sur cette terre qu'il appellera San Salvador. Mais on sait qu'en moins de quarante ans, et certains prétendent que c'est dès 1513, il n'y avait plus un seul Lucayan vivant. Depuis cette époque, cette île est complètement déserte. Les peuplades des autres régions des Indes occidentales et d'Amérique centrale ne s'en sont pas tellement mieux sorties. On peut difficilement estimer combien d'indigènes sont morts à cause de l'esclavage ou parce qu'ils n'étaient pas immunisés contre les maladies des Européens.

Christophe Colomb écrivait et parlait de la découverte d'un Autre Monde à l'ouest. Mais c'est du nom d'Amerigo Vespucci qu'on baptisera ce monde. Vespucci est ce jeune marin florentin qui, en 1498, était parti chercher des perles à Paria en compagnie de Alonso de Ojeda. Plus tard, il fera de ce voyage un compte rendu écrit qui est probablement exact sous plusieurs aspects, mais qui comporte, selon certains historiens, une erreur majeure : Vespucci prétend avoir fait ce voyage en 1496 plutôt qu'en 1498-1499.

Plus tard, Amerigo Vespucci fera, à son propre compte, d'autres voyages en Amérique du Sud. En 1508, il sera nommé pilote en chef de la flotte d'Espagne.

Quand il faisait référence aux îles et au nouveau continent qu'il avait découverts, Colomb parlait de l'Autre Monde ; Vespucci, lui, l'appelait le Nouveau Monde. C'est l'appellation de Vespucci qui survivra. Elle est reprise par un moine d'origine allemande, Martin Waldseemuller. En 1507, Waldseemuller dessine une carte du monde qui englobe les nouvelles découvertes. Il dessine le nouveau continent que nous appelons maintenant l'Amérique du Sud et lui donne le nom d'Amérique, en l'honneur d'Amerigo Vespucci. C'est sur cette carte, que d'autres cartographes copieront, que cette appellation apparaît pour la première fois.

Colomb n'a peut-être pas laissé son nom au continent, mais plusieurs îles ou groupes d'îles lui doivent le nom qu'elles portent encore aujourd'hui. Les Indes occidentales s'appellent ainsi parce qu'il croyait avoir atteint l'Inde. Les îles Vierges doivent leur nom à la légende des 11 000 vierges. La Guadeloupe, Trinidad et Hispaniola portent toujours les noms que Colomb leur a donnés.

ÉPILOGUE

Si aucun continent n'a été baptisé en son honneur, Colomb a par ailleurs laissé son nom à plusieurs autres endroits. Même si l'Amiral n'a jamais navigué dans cette région, un port du Sri Lanka, dans l'océan Indien, s'appelle Colombo. Près de l'Équateur, en Amérique du Sud, les îles Galapagos font partie de l'archipel Colón, même si Colomb ne s'est jamais rendu là non plus. En Amérique du Sud, il y a un pays qui s'appelle la Colombie. En Amérique du Nord, plusieurs grandes villes et villages portent son nom : on retrouve des Columbus dans les États de Géorgie, d'Illinois, d'Indiana, d'Iowa, du Kansas, du Kentucky, du Mississippi, du Montana, du Nebraska, du Nouveau-Mexique, de Caroline du Nord, d'Ohio, du Dakota du Sud, du Texas et du Wisconsin. Il y a également des villes qui s'appellent Columbia, comme au Maryland. La capitale des États-Unis, Washington, D.C., est située dans le District de Columbia.

Dans la ville de New York, on trouve l'avenue Columbus et l'Université Columbia. L'un des surnoms du drapeau américain (en plus de l'Old Glory) est Columbia.

Avec tous ces Columbus et Columbia un peu partout aux États-Unis, on pourrait croire que Christophe Colomb est débarqué à Boston! Beaucoup de gens qui ne connaissent pas bien l'Histoire ont l'impression que Colomb a touché terre quelque part sur les côtes de l'Amérique du Nord, puisque les Américains l'ont, en quelque sorte, adopté comme l'un des leurs.

Il est difficile de dire exactement comment cela s'est produit, mais la bravoure et le côté aventurier de ce marin plaisaient bien aux Américains qui, le temps aidant, ont peu à peu «américanisé» Colomb. L'américanisation de Colomb a débuté après que les treize colonies eurent conquis leur indépendance de la Grande-Bretagne et pris le nom d'États-Unis d'Amérique. Un pays tout neuf a besoin de héros et de symboles. George Washington, le premier président, était presque considéré comme un roi et Christophe Colomb apparaissait, lui aussi, comme un important symbole d'audace, d'indépendance, d'autonomie et de courage face à l'inconnu. C'est ainsi que les deux hommes se sont retrouvés associés dans l'imaginaire américain. Aussi, quand, en 1790, le nouveau

Congrès choisit la capitale du nouveau pays, les représentants se mettent d'accord pour l'appeler Washington. Ils acceptent également de découper, dans l'État du Maryland, un district fédéral spécial qui, en 1791, deviendra le District de Columbia.

Quelques années auparavant, en 1784, le Kings College de la ville de New York s'était réorganisé sous la nouvelle appellation de Columbia University.

La première fête du Columbus Day a eu lieu à New York en 1792, sans vraiment attirer l'attention. Au milieu du XIXe siècle, on construit, à Washington D.C., un monument à Colomb en face du Capitol.

À la fin du XIXe siècle, on célèbre deux centenaires aux États-Unis. Le premier, en 1876, marque le centième anniversaire de l'Indépendance ; l'autre, le centième anniversaire de l'investiture de George Washington. En 1892, les Américains s'apprêtent à célébrer de nouveau; cette fois ils fêtent le 400e anniversaire du débarquement de Colomb en Amérique en 1492. Le président Benjamin Harrison prononce alors un discours invitant les écoles à tenir des événements spéciaux et des festivals pour honorer la mémoire de Colomb. À Chicago, pour célébrer cet anniversaire, on s'apprête à tenir une foire mondiale, «L'Exposition mondiale colombienne». Malheureusement, les organisateurs mettent plus longtemps que prévu pour organiser l'événement et ce n'est qu'à l'été de 1893 que l'exposition ouvre ses portes. Le 12 octobre 1893, afin de célébrer la découverte de Colomb, se tient, sur le terrain de la foire, la plus grande célébration qu'ait jamais connue l'Amérique. Le serment d'allégeance au drapeau est écrit pour marquer le 400e anniversaire du premier voyage de Christophe Colomb dans le Nouveau Monde. Écrit par un ministre baptiste nommé Francis Bellamy, il est publié pour la première fois en 1892 dans une revue pour la jeunesse, le *Youth's Companion*.

La fête du *Columbus Day* commence à se répandre dans les premières années du XXe siècle. Dans plusieurs États, les Chevaliers de Colomb, une organisation d'hommes catholiques, demandent que le 12 octobre soit une date fériée et, dès 1905, le Colorado en tête, plusieurs États fêtent cette journée. En 1909, New York est le premier État à faire du 12 octobre une fête légale. D'autres États suivent le mouvement, même si à certains endroits on appelle cette fête le *Discovery Day* ou le *Landing Day*. En 1968, le président Lyndon B. Johnson ratifie le décret qui fait du *Columbus Day* une fête nationale. Cette loi entrera en vigueur en 1971.

Au milieu du XXe siècle, un groupe d'Amérindiens entreprend de faire des pressions pour que le monument élevé à Colomb soit retiré de devant le Capitol. Ils appuient leur demande sur le fait que leurs ancêtres étaient en Amérique bien avant l'arrivée de Colomb, que ce dernier s'est trompé en les appelant Indiens et qu'il a été le premier Européen à réduire les Amérindiens en esclavage. Leur campagne atteint son objectif et la statue de Colomb est retirée. La plupart des pays de l'hémisphère occidental fêtent le voyage de Colomb. En Amérique centrale et en Amérique du Sud, ces célébrations revêtent un caractère plus religieux qu'aux États-Unis.

Encore de nos jours, Christophe Colomb continue d'être présent dans la vie américaine : une des navettes spatiales s'appelle Columbia. Il est probable que si Christophe Colomb était vivant aujourd'hui, il serait surpris de voir à quel point il est populaire. Il en serait certainement très flatté, mais il prendrait bien soin de ne pas trop montrer sa joie... afin de ne pas commettre un péché d'orgueil.